500
Prénoms,
dérivés
et leurs significations

LES ÉDITIONS QUEBECOR
une division de Groupe Quebecor inc.
4435, boul. des Grandes Prairies
Montréal (Québec)
H1R 3N4

Distribution: Québec Livres

© 1989, Les Éditions Quebecor
Dépôt légal, 4ᵉ trimestre 1989

Bibliothèque nationale du Québec
Bibliothèque nationale du Canada
ISBN 2-89089-690-0

Conception et réalisation graphique
de la page couverture: Bernard Lamy

Impression: Imprimerie L'Éclaireur

500
Prénoms,
dérivés

et leurs significations

Les Éditions
Québecor

QU'EST-CE QU'UN PRÉNOM

Nommer, c'est créer. Tous les systèmes et toutes les religions ont accordé au nom une place essentielle. Chacun reconnaît que donner un nom est un acte fondateur, d'autant plus que, par le langage, on individualise celui-là même dont le langage est la clé de sa domination sur l'univers qui l'entoure: l'homme.

À son arrivée, chaque nouveau-né prend le nom de sa lignée, mais il reçoit aussi quelques syllabes qui vont à jamais l'en distinguer. Ce sont les syllabes qu'il entendra tout au long de sa vie pour définir sa propre personne.

Cet acte essentiel, les parents l'accomplissent le plus souvent sans évaluer tout ce qu'il comporte.

Lorsqu'on choisit un prénom pour son enfant la règle la plus importante est de suivre son coeur. Toutefois, il faut veiller à l'harmonie du nom et comprendre que l'influence d'un prénom sur celui ou sur celle qu'il désigne est l'un des innombrables facteurs qui modèleront sa personnalité.

Ce livre voudrait faire comprendre qu'un prénom est vivant et qu'il condense toute une panoplie de significations, de traditions et de symboles.

Un prénom n'est jamais seulement ce que signifie sa racine, il ne se réduit pas à une sonorité. C'est une sorte de parfum subtil qui ajoute à un être une touche mystérieuse.

Ce livre ne veut pas guider le choix des parents, mais l'éclairer, c'est-à-dire leur faire prendre conscience qu'en accomplissant cet acte obligatoire, donner pour la vie entière un nom à l'être auquel ils ont donné la vie, ils font intervenir quelque chose d'un peu magique.

ABEL

Étymologie: vient de l'hébreu *hevel*, qui signifie vanité, fragilité des choses.

Esprit pratique, il est doué pour les affaires.
Il aime la vie, l'amour occupe une place importante dans son existence. Il peut faire beaucoup
d'efforts pour mériter son bonheur. Éprouve le
besoin de réussir, d'aimer et d'être aimé.
Chiffre: le 2. *Couleur:* le jaune.

ADAM

Il n'y a pas de saint Adam!

Étymologie: vient de l'hébreu *adâm*, qui semble dériver de l'assyrien *adamou*,
qui veut dire créer ou de *adamah*
qui veut dire rouge.

Robuste, endurant, travailleur, il sait aussi
s'organiser. Il aime la vie et le plaisir. Souvent,
il a le sens des affaires.
Chiffre: le 1. *Couleur:* le rouge.

ADÈLE

Fête: le 24 décembre

Étymologie: du haut germanique *adel*, noble.

Elle ouvre sur le monde des yeux émerveil-
lés. Le bonheur l'accompagne. Son coeur géné-

reux n'est jamais épuisé. Il lui est naturel de donner, de consoler, de secourir les faibles. Il lui est naturel aussi de trouver de la poésie, de la musique dans toute chose.

Dérivés: Adélie, Adeline, Alida, Adélaïde.

Chiffre: le 7. *Couleur:* le violet. *Pierre:* le saphir. *Métal:* le bronze.

ADOLPHE

Fête: le 14 février

Étymologie: vient du germain *adal*, qui veut dire noble, et de *wolfe*, qui veut dire loup.

Très émotif et sentimental. C'est souvent un séducteur; parfois un esthète. Il se sert de son charme, auquel il est le premier à succomber quelquefois.

Chiffre: le 7. *Couleur:* le vert.

ADRIEN

Fête: le 8 septembre

Étymologie: du latin *Hadria*, ville de Vénétie qui a donné son nom à la mer adriatique.

Sagesse, mesure, lucidité, un peu de suffisance sont les caractéristiques des jeunes Adrien. Ils se prennent au sérieux parce qu'ils se savent promis à la réussite et à la notoriété. Cette solidité tranquille et satisfaite fait les bons maris et les pères consciencieux. Parfois un peu d'ennui, mais une grande gentillesse et une fidélité parfaite.

Chiffre: le 10. *Couleur:* le gris. *Pierre:* le marbre noir. *Métal:* le platine.

ADRIENNE   Fête: le 8 septembre

Étymologie: la même qu'Adrien.

Son caractère est semblable à celui de son jumeau masculin. C'est une ambitieuse qui exige autant d'elle-même que des autres, et sait toujours où elle va. Elle est de la race des championnes.

AGATHE   Fête: le 5 février

Étymologie: du grec *agathos*, bon, brave au combat.

Elle montre beaucoup d'activité, de fécondité. C'est une enfant fébrile, jamais lasse d'apprendre, de questionner, de découvrir, qui grandit dans une sorte de mouvement perpétuel qui la pousse toujours plus loin, plus vite, à la poursuite de tous les bonheurs. C'est une amie indulgente qui aime vivre très entourée; elle vient toujours à bout de l'ennemi.

Chiffre: le 7. *Couleur:* le rouge. *Pierre:* le rubis. *Métal:* l'or jaune.

AGLAÉ

Étymologie: Aglaé était l'une des trois Grâces. Son nom en grec signifie éclat.

Elle met tout en oeuvre pour plaire. Simple et rieuse, elle est souvent «bien en chair».

Chiffre: le 8. *Couleur:* l'orangé.

AGNÈS   Fête: le 21 janvier

Étymologie: du grec *agnè*, qui signifie pur.

La pureté se reflète dans ce beau prénom. Rien de bas, rien de sot chez cette femme calme, déterminée. Elle va droit son chemin, guidée par un instinct très sûr de la vérité et de la beauté. Candide, mais intelligente. Elle est fidèle pour tous ceux qu'elle aime et capable d'aimer beaucoup, d'un coeur brûlant.

Chiffre: le 3. *Couleur:* le gris irisé. *Pierre:* le saphir étoilé. *Métal:* le platine.

AIMÉ   Fête: le 13 septembre

Étymologie: du latin *amatus*, qui sous-entend *dei*, aimé de Dieu.

Un prénom qui semble attirer le bonheur et le succès. Il donne à ceux qui le portent une modestie souriante, beaucoup de bon sens et une bonne humeur à toute épreuve. Gage de prospérité tranquille, c'est un prénom arc-en-ciel qui promet le beau temps.

Chiffre: le 7. *Couleur:* le jaune clair. *Pierre:* l'ambre. *Métal:* l'or pâle.

ALAIN   Fête: le 9 septembre

Étymologie: de l'indo-européen *alun*, qui signifie beau, harmonieux. Ce prénom vient aussi d'un peuple hardi qui, à la fin de l'Empire romain, participa aux grandes invasions barbares. Ces guerriers se désignaient eux-mêmes comme «les beaux hommes» et se répandirent un peu partout en Occident.

Les Alain sont des enfants charmeurs, toujours désireux de faire plaisir. Souvent, ils collectionnent les femmes avec le sourire. Leur esprit de contradiction, leur goût des joutes intellectuelles, leur désir de briller les poussent vers des professions intellectuelles. Un autre versant de leur caractère, leur soif d'aventures, leur besoin d'explorer le monde, la vie, les idées nouvelles les entraînent à des ruptures successives. Jamais las, jamais rassasiés, ils ne cessent de recommencer, de se remettre en question. Ils sont parfois un peu fatigants pour leur entourage, mais il est difficile de résister à leur enthousiasme.

ALBERT   Fête: le 15 novembre

Étymologie: du germanique *adal*, noble, et *behrt*, célèbre.

Audace intellectuelle, fécondité, génie, rien n'est hors de son atteinte, à condition qu'il en ait la volonté, l'énergie. Sa lucidité confine parfois à l'indécision. Sa profondeur peut l'entraîner à se détourner de la réussite, qu'il juge frivole, ou de la notoriété, qui lui paraît dérisoire. Idéaliste, l'amour le déçoit aisément.

Chiffre: le 9. *Couleur:* le bleu roi. *Pierre:* le diamant. *Métal:* l'or vert.

ALBERTINE   Fête: le 15 novembre

Étymologie: la même que Albert.

L'imagination les guide. Le monde réel ne leur suffit pas. Elles rêvent d'autres univers où elles sont prêtes à emmener tous ceux qui s'attachent à elles, et ils sont nombreux. Leur grâce tient du sortilège. On les dit même un peu fées.

Chiffre: le 7. *Couleur:* le bleu-violet. *Pierre:* l'améthyste. *Métal:* l'étain.

ALEXANDRA
Fête: le 20 mars ou le 2 octobre

Étymologie: comme Alexandre, du grec *alexein* et *andros*, l'homme, le guerrier, c'est-à-dire celle qui repousse l'ennemi.

Les Français usent plus volontiers de Sandrine, parce qu'il y a, dans Alexandra, une aura d'énergie pure et violente, de passion dévastatrice qui effraie un peu. Ardente, obstinée, aventureuse, elle est femme à braver tous les dangers. Le combat la fascine, mais on trouve aussi, chez elle, bonté, générosité et patience.

Dérivés: Alexandrine, Sandra, Sandrine.

Chiffre: le 4. *Couleur:* le vert émeraude. *Pierre:* le diamant. *Métal:* l'or rose.

ALEXANDRE

Étymologie: du grec *alexein*, repousser, et *andros*, l'homme, le guerrier, c'est-à-dire celui qui repousse l'ennemi.

Toujours plus! On comprend que les parents des jeunes Alexandre préfèrent les appeler par leurs diminutifs: Alex, Ali ou Sacha. Bouillonnant d'idées, rêvant de gloire ou assoiffé d'absolu, orgueilleux, mais pas égoïste. Alexandre est souvent un don Juan jamais rassasié. Enfant charmeur, il devient un homme irrésistible auquel on pardonne tout. Mais il ne cesse de surprendre.

Chiffre: le 11. *Couleur:* le violet. *Pierre:* l'émeraude. *Métal:* l'étain.

ALEXIS

Fête: le 17 février

Étymologie: même origine, même étymologie que celle d'Alexandre.

Alexis, bien différent d'Alexandre, est ambigu, presque frêle, de caractère anxieux, introverti, curieux de métaphysique, volontiers visionnaire, voire mystique. Ces ambitions sont plus intellectuelles que matérielles. Sa fidélité est totale, en amour comme en amitié. Il exige autant d'autrui que de lui-même. Homme d'engagement total, qui hait les compromis, il préfère, plutôt que de trahir ou se trahir, se réfugier dans l'abstraction, l'étude ou la poésie.

Chiffre: le 7. *Couleur:* le bleu de mer. *Pierre:* l'aigue-marine. *Métal:* l'or blanc.

ALFRED   Fête: le 15 septembre

Étymologie: vient du germain *al*, tout, et *frido*, paix.

Il est cérébral et souvent paradoxal; sensible et introverti, mais d'un esprit indépendant. Il a horreur des contraintes. C'est un individualiste acharné.

Chiffre: le 1. *Couleur:* le violet.

ALICE   Fête: le 9 janvier

Étymologie: du grec *alikea*, la vérité.

Paradoxe vivant, Alice partage avec tous les poètes le pouvoir de se jouer du réel. Elle n'est jamais où on la croit: absente, elle est présente; présente, elle est absente. Elle est charme, intuition, tendresse. Elle est aussi caprice, exigence, désordre, infidélité. Elle mène ses affaires comme elle mène ses amis: à coups d'éclairs de génie suivis de longs moments de tendresse. On la dit narcissique, autoritaire, égoïste même: mais non, elle est différente. N'essayez pas de la fuir, elle vous rejoint. N'essayez pas de vous détacher d'elle, elle vous a conquis.

Dérivés: Alix, Aliette.

Chiffre: le 3. *Couleur:* le rouge. *Pierre:* le diamant. *Métal:* l'or jaune.

ALINE   Fête: le 19 juin

Étymologie: vient du germain *adal*, noble, comme Adèle.

Aline a une affectivité fragile. Elle est volontiers rêveuse. Elle a souvent un tempérament poétique.

Chiffre: le 5. *Couleur:* le jaune.

ALPHONSE   Fête: le 1er août

Étymologie: du germanique *adal*, noble, et *func*, rapide.

Passé de mode depuis près d'un siècle, il réapparaît timidement. Il y a du gentleman-farmer en lui, un grand besoin d'espace et le goût de la nature. Ce philosophe souriant, qui se méfie des idées, a le coeur généreux. Fidèle en amitié, jaloux en amour, il faut veiller à ne pas le décevoir: blessé, il se réfugie dans le silence et la solitude. Enfant, on le dit susceptible; adulte, renfermé. En vérité, c'est un hypersensible.

Dérivé: Alphonsine.

Chiffre: le 4. *Couleur:* le vert forêt. *Pierre:* l'émeraude. *Métal:* l'or vert.

AMBROISE   Fête: le 7 décembre

Étymologie: du grec *a-brotos*, qui signifie immortel.

Il est souvent un athlète accompli, mais il est très émotif. Il aime les voyages. Souvent, il aspire à «autre chose». Il aime être aimé. Il est généralement optimiste et a de la chance.

Chiffre: le 1. *Couleur:* le violet.

AMÉLIE   Fête: le 19 septembre

Étymologie: du wisigoth *amal*, puissant.

On trouve chez elle à la fois la noblesse de l'âme, l'élégance du coeur, la vigueur du corps, ce qui lui attire une foule de partisans et lui permet de mieux affronter l'existence qui paraît quelquefois bien rude à cette femme trop sensible.

Dérivé: Ameline.

Chiffre: le 1. *Couleur:* le bleu pâle. *Pierre:* la turquoise. *Métal:* l'or blanc.

ANDRÉ   Fête: le 30 novembre

Étymologie: du grec *andros*, l'homme illustre.

Il est l'homme parmi les hommes, l'illustre, le fondateur. Ce prénom banal a acquis quelque chose de générique; d'où la parfaite et très exceptionnelle neutralité de ce prénom qui peut engendrer tous les caractères, tous les génies, tous les destins. Un seul attribut évident: sa virilité.

Dérivé: Andrieu.

Chiffre: le 5. *Couleur:* le jaune doré. *Pierre:* le diamant. *Métal:* l'or jaune.

ANDRÉE   Fête: le 20 novembre

Étymologie: la même que André.

Malgré l'étymologie, ce n'est pas André au féminin. Ce prénom marqué par la virilité est presque insolite lorsqu'il est attribué à une femme. Les dons qu'il symbolise s'accompagnent d'une sorte de nostalgie essentielle, comme la recherche d'un paradis perdu.

Chiffre: le 7. *Couleur:* le violacé. *Pierre:* l'améthyste. *Métal:* l'or blanc.

ANGÈLE

Étymologie: du grec *aggelos*, le messager.

Il y a dans ce prénom un peu de la présence de l'au-delà, quelque chose de très éthéré, de très secret, comme la manifestation d'une présence occulte. Mais cette présence n'est pas muette: elle est chargée d'un message et sait qu'Angèle est le meilleur des relais. Elle possède le don merveilleux de communiquer: goût de l'observation, esprit de synthèse, sens de la formule. C'est une traductrice exceptionnelle qui sait comprendre et transmettre l'essentiel: texte et musique.

Dérivés: Angélique, Angéline.

Chiffre: le 3. *Couleur:* le rouge vif. *Pierre:* le grenat. *Métal:* le fer.

ANNE
Fête: le 26 juillet

Étymologie: de l'hébreu *hannah*, la grâce.

C'est une de ces femmes capables de créer des empires, de les administrer, de les transmettre. Avec le don de voir loin et grand, le goût du travail bien fait, de l'oeuvre accomplie, le sens du droit et du devoir, elle aime l'ordre, la mesure, la justice. Elle se méfie des beaux parleurs, et veut du solide, de l'action. Les orages de la vie et de la passion ne lui font pas peur: elle les affronte en face. Elle sait aussi que les vraies victoires sont filles de la patience.

C'est une mère exemplaire, symbole de la continuité familiale; elle ne conçoit pas de vivre sans postérité. Il n'est pas toujours facile de vivre à ses côtés, c'est-à-dire, bien souvent, dans son ombre. Il faut l'apprécier à sa juste valeur.

Dérivés: Anaïs, Annabelle, Annick, Annie, Anouk, Annette, Nanette, Ninette, Ninon.

Chiffre: le 6. *Couleur:* le gris argenté. *Pierre:* l'onyx blanc. *Métal:* le plomb.

ANTOINE   Fête: le 9 janvier

Étymologie: du grec *anthos*, la fleur; ou du latin *antonius*, l'inestimable.

Antoine est un lutteur: il fonce, il affirme, il s'affirme. Peu de prénoms sont aussi chargés de qualités positives: courage, endurance, force, volonté, vitalité. Il aime le combat, voire la guerre. Et la victoire, le plus souvent, couronne ses entreprises. Mais il n'est jamais au repos, jamais satisfait, jamais rassasié. Il est fidèle, mais ses amours sont autant de conquêtes auxquelles il n'aime pas renoncer, même lorsqu'il leur en ajoute de nouvelles. Il a besoin d'agrandir sans cesse son domaine et n'accepte jamais les bornes, les frontières. L'exploit, le défi, l'impossible forment la trame de ses jours.

Dérivé: Antonin.

Chiffre: le 11. *Couleur:* le gris fer. *Pierre:* l'agate. *Métal:* le platine.

ANTOINETTE   Fête: le 28 février

Étymologie: la même que Antoine.

Elle partage bien des valeurs concrètes, en particulier celle de l'argent. Elle est de la race des chefs de famille. Elle n'aime ni la fantaisie ni l'aventure. Douée d'un jugement intuitif très sûr, elle ne voit pas au-delà de son clan, de sa tribu dont elle protège tous les membres avec une détermination entêtée.

Dérivés: Antonine, Toinon, Toinette.

Chiffre: le 9. *Couleur:* le jaune or. *Pierre:* le diamant. *Métal:* l'or jaune.

ARCHIBALD   Fête: le 30 avril

Étymologie: du germain *aircan*, qui signifie nature, et de *bald*, audacieux.

Doué d'une remarquable résistance nerveuse, il est taillé pour les travaux difficiles qui demandent du temps et de l'endurance. Son défaut est d'en vouloir toujours plus, qu'il s'agisse de travail ou de sentiments.

Chiffre: le 4. *Couleur:* le jaune.

ARIANE   Fête: le 18 septembre

Étymologie: du grec *Ariadnè*, fille de Minos, roi de Crête.

Il y a chez Ariane un appétit de vivre presque sauvage qui confine à l'égoïsme sacré. Malheur à qui se met en travers de sa voie! Enfant vive, enjouée, volontaire, elle grandit moins en sagesse qu'en énergie. Sa grâce lui conquiert bien des coeurs, elle le sait, en use, en abuse, parfois par goût des liaisons dangereuses. Cette femme excessive est de celles dont on peut tout attendre.

Chiffre: le 2. *Couleur:* le gris acier. *Pierre:* le saphir foncé. *Métal:* l'or blanc.

ARISTIDE   Fête: le 31 août

Étymologie: du grec *aristos* et *eides*; l'ensemble signifie: qui paraît le meilleur.

Bâti comme un chêne, il ignore superbement la maladie. Il peut montrer des tendances suicidaires. Ses difficultés ne sont pas physiques mais plutôt psychiques. Son intelligence a tendance à chercher derrière les apparences.

Chiffre: le 4. *Couleur:* le jaune.

ARMAND   Fête: le 8 juin

Étymologie: du germanique *hart*, fort, et *mann*, homme.

Souvent sûr de lui et dominateur, avec aussi une pointe de dureté, d'orgueil, qui peut parfois tourner à la méchanceté. Mais, en revanche, que de qualités! De celles qui font les vrais hommes, solides, fidèles, ambitieux. Il a, de plus, un inaltérable esprit de famille.

Dérivés: Armandi, Hermann, Armande.

Chiffre: le 6. *Couleur:* le noir. *Pierre:* l'onyx noir. *Métal:* le platine.

ARNAUD   Fête: le 10 février

Étymologie: du germain *arn*, qui signifie aigle, et de *walden*, gouverner.

Il est optimiste et c'est pour lui un gage de chance. Il aime toujours aller plus loin. Jamais satisfait, il voudrait toujours être estimé, aimé, admiré davantage.

Dérivés: Arnold, Arnould.

Chiffre: le 5. *Couleur:* le violet.

ARSÈNE Fête: le 19 juillet

Étymologie: du grec *arsénios*, qui veut dire viril, mâle.

Distingué, fin, plein d'une grâce un peu féminine. Son vrai royaume est l'imaginaire. Enfant, c'est un prince qui attire tous les coeurs. Adulte, le monde est trop petit pour ses rêves. Rien n'est à la mesure de son idéal. Ses disciples, ses amis, sa famille s'épuisent à le suivre. Son charme magique échappe à toutes les catégories rationnelles.

Dérivés: Artus, Arthus, Thurell.

Chiffre: le 8. *Couleur:* le vert pré. *Pierre:* la chrysoprase. *Métal:* l'argent.

ASTRID Fête: le 27 novembre

Étymologie: du vieux germain *ans*, qui signifie divinité, et *trud*, fidélité.

Fine, gracieuse, elle a du charme et de la beauté. Elle est faite pour la danse. Pour l'homme qu'elle aime, elle est souvent une aide attentive et intelligente. Elle est toujours une bonne épouse.

Chiffre: le 8. *Couleur:* le bleu.

AUGUSTE   Fête: le 29 février

Étymologie: du latin *augustus*, qui signifie consacré par les augures, vénérable.

Il veut sans cesse aller de l'avant, se dépasser, courir au-devant des risques. Souvent, il est casse-cou, et parfois il doit en supporter les conséquences. Il est courageux, vaillant, intrépide; il a le sens de l'autorité. Il est aussi généreux. C'est généralement un novateur.

Dérivés: Augustin, Augustine.
Chiffre: le 4. *Couleur:* le vert.

AURÉLIE   Fête: le 15 octobre

Étymologie: vient du latin *aurum*, qui veut dire or.

Elle est curieuse de tout. Souvent, elle tente d'imposer ses rêves à ses interlocuteurs pour peu que ceux-ci s'y laissent prendre. Les hommes redoutent un peu son côté dominateur.

Dérivé: Aurélia.
Chiffre: le 8. *Couleur:* l'orangé.

AURÉLIEN   Fête: le 16 juin

Étymologie: du latin *aurum*, or.

Indépendant, il a horreur des chemins battus.
Curieux par nature, il est très original. Il a le
goût des contacts humains.
Chiffre: le 4. *Couleur:* l'orangé.

AURORE   Fête: le 15 octobre

Étymologie: du nom latin de la déesse du jour
              Aurora, l'aurore.

Elle est toute lumière: lumière de l'intelligence
et lumière du coeur. Elle répand autour d'elle
une clarté douce et tranquille qui lui vaut des
amitiés fidèles et attire les passions. Mais son
exigence de liberté la pousse à s'affranchir sans
cesse des liens qui pourraient la brider. Elle fuit
la routine et tranche dans le vif dès qu'elle se
sent retenue. Sa vie est en zigzags et prend sans
cesse de nouveaux départs.
Chiffre: le 3. *Couleur:* le jaune. *Pierre:* le
chrysoprase. *Métal:* l'or.

AVA

Étymologie: du latin *avis*, oiseau.

Elle brûle de passion. Elle cherche le grand amour pour lequel elle se consumera tout entière, et, en attendant, «brûle» ceux qu'elle rencontre: c'est une allumeuse. Elle choisit souvent un métier d'homme. Elle est aussi généralement très altruiste et portée à défendre les opprimés.

Chiffre: le 6. *Couleur:* le bleu.

AXEL

Fête: le 21 mars

Étymologie: de l'hébreu *alba*, le père, et *shalom*, la paix.

Ce prénom hébreu a fait une glorieuse carrière en Scandinavie. Axel est un idéaliste passionné qui montre plus de goût pour la métaphysique, les sciences abstraites et la recherche fondamentale que pour l'action. Son penchant pour les idées s'accompagne d'un don éclatant pour la communication. Il aime faire partager ses découvertes, ses théories et ses rêves. On peut lui reprocher d'être bavard et distrait parce qu'il prête une attention privilégiée, voire exclusive à tout ce qui est du domaine de la parole.

Chiffre: le 7. *Couleur:* le vert clair. *Pierre:* la citrine. *Métal:* l'argent.

BALTHAZAR Fête: le 6 janvier

Étymologie: du babylonien *Bêl-Shar-Oursour*.

Extrêmement sociable et conciliant, il est cependant la proie d'hésitations, de contradictions qui l'obligent à s'accrocher à une idée, à une décision qui peuvent le rendre non seulement exigeant mais tyrannique.

Chiffre: le 8. *Couleur:* le rouge.

BAPTISTE Fête: le 7 avril

Étymologie: du latin *baptista*, celui qui baptise.

Délicat et rêveur, sensible et confiant, il comprend difficilement tout ce qui ne vient pas du coeur.

Chiffre: le 2. *Couleur:* le jaune.

BARBARA Fête: le 4 décembre.

Étymologie: du latin *barbarus*, barbare.

Il y a en elle quelque chose d'inachevé, d'inassouvi; ce qui explique l'acharnement qu'elle met à aller plus loin, dans la recherche d'elle-même et dans celle des autres. Sa vie est une quête qui peut prendre l'aspect d'une vocation mystique, de la contemplation de l'absolu ou, au contraire, de la recherche de toutes les satisfactions matérielles. Elle peut hésiter entre les deux démarches ou passer de l'une à l'autre en exerçant sur son entourage une sorte de fascination respectueuse. Elle est femme à faire et défaire des fortunes, à passer de la gloire à l'obscurité, de la fidélité au caprice et sa fréquentation n'est pas de tout repos.

Dérivés: Barbe, Barberine.

Chiffre: le 5. *Couleur:* le blanc. *Pierre:* la pierre de lune. *Métal:* l'argent.

BASILE   Fête: le 2 janvier

Étymologie: du grec *basileus*, roi, monarque.

Il sait toucher les masses par une connaissance intuitive de leur inconscient collectif. Calme, pondéré, réfléchi, il peut parfois manquer de souplesse. Souvent, il s'oriente vers l'Église.

Chiffre: le 3. *Couleur:* le jaune.

BASTIEN   dérivé de Sébastien (voir)

BAUDOIN   Fête: le 21 août

Étymologie: du germain *bald*, audacieux, et *win*, ami.

Introverti, réfléchi, il ne supporte pas la médiocrité. Il est fait pour les grandes entreprises et réussit souvent. Cependant, il aime un peu trop le luxe. C'est un grand amoureux qui a à coeur de protéger la femme qu'il aime.

Chiffre: le 7. *Couleur:* le bleu.

BÉATRICE   Fête: le 13 février

Étymologie: du latin *beatus*, heureux, avec un suffixe qui donne la signification de celle qui rend heureux.

Aime la sécurité de l'aisance, la tranquillité de la vie de famille, la chaleur des relations sociales. La réussite professionnelle et son symbole, la fortune, comptent beaucoup pour elle. Pragmatique, voire matérialiste, elle serait volontiers un peu trop économe, si elle n'aimait le luxe, les fêtes, les voyages, les mondanités. Mais elle a parfois de brusques accès d'insatisfaction, de violents élans de sauvagerie et de cruauté qui étonnent alors son entourage. Si les circonstances s'y prêtent, elle peut aller jusqu'à la révolte absolue, le cloître ou le terrorisme, dans un refus d'accepter le monde tel qu'il est.

Dérivés: Béa, Béatrix.

Chiffre: le 1. *Couleur:* le rouge sang. *Pierre:* l'améthyste. *Métal:* l'or blanc.

BÉNÉDICTE

Étymologie: du latin *benedictus*, béni, qui est protégé par Dieu.

Elle est solide, résistante, et a un port royal. Souvent passionnée, toujours brillante.

Chiffre: le 4. *Couleur:* le jaune.

BENJAMIN

Étymologie: de l'hébreu *benjamin*, fils de la chance

C'est le prototype de l'homme de laboratoire ou du chef comptable. Il est capable de beaucoup d'attention, et peut pousser le goût de la précision jusqu'à l'obsession. Cependant, il n'est pas dépourvu de drôlerie, de fantaisie, d'audace intellectuelle.

Dérivé: Benjamine (fém.)

Chiffre: le 2. *Couleur:* le gris acier. *Pierre:* le saphir. *Métal:* le platine.

BENOÎT

Étymologie: du latin *benedictus*, béni (sous-entendu de Dieu).

Il est caractérisé par l'amour de la perfection qui est parfois un grand don, parfois un handicap. Un don, quand, surmontant sa pudeur, il extériorise ses qualités; intuition, force de caractère, sens du dialogue et de l'autorité. Un handicap, lorsque son manque d'assurance le maintient dans un complexe d'infériorité. Les parents d'un Benoît doivent donc lui apporter beaucoup d'attention, l'encourager à communiquer, à s'affirmer. Ils le verront alors peu à peu sortir de sa coquille, briller, conquérir des premières places. Son prénom est un signe de chance: il suffit de l'en persuader pour qu'il en bénéficie pleinement.

Dérivés: Bénédict. Bénédicte (fém.)

Chiffre: le 4. *Couleur:* le bleu doux. *Pierre:* le diamant. *Métal:* l'or rose.

BÉRÉNICE   Fête: le 4 février

Étymologie: du grec *Berenikè*, nom de plusieurs villes grecques, *nikè*, signifie victoire.

Une séductrice, souvent plus par son charme que par sa beauté. Elle est sincère et, par là même, croit toujours ce qu'on lui dit. Elle ne tri-

che jamais. Son sens de l'humour est une cui-
rasse contre les ennuis.

Chiffre: le 7. *Couleur:* le vert.

BERNADETTE   Fête: le 16 avril

Étymologie: du germanique *ber*, ours, et *hard*,
             courageux.

Attentive aux autres, elle observe le monde et
les êtres. Elle est remplie d'intuition frémissante,
de pulsions généreuses. Intelligente mais irrationnelle, humble mais audacieuse, modeste mais
sûre d'elle-même, elle assume ses contradictions
avec un naturel sans défaut. Il faut la prendre
comme elle est. Elle est gaie, douce et bonne tant
qu'on ne cherche pas à lui faire dire le contraire
de ce qu'elle pense, à lui faire faire le contraire
de ce qu'elle doit. Sous une apparence simple
et tranquille, elle a la fermeté d'un roc.

Chiffre: le 9. *Couleur:* le jaune doré. *Pierre:*
le rubis. *Métal:* l'or jaune.

BERNARD   Fête: le 20 août

Étymologie: du germanique *ber*, ours, et *hard*,
             courageux.

C'est un prénom contradictoire. Il est autoritaire, voire tranchant, passionné d'organisation, il croit à la valeur de l'énergie. Il déteste les compromis et la tiédeur, veut aller droit au but, foncer, parvenir. Pourtant, il n'est jamais à l'abri du doute. S'il a une crise de conscience, il paraît faible et irrésolu: le moindre obstacle lui semble insurmontable et il s'accuse lui-même.

Enfant, il passe du triomphalisme agressif au repli sur soi, à l'abattement. Incapable d'obéissance, il veut rester maître de ses affections. Il cherche l'amour, mais il souhaite paraître maître de son coeur.

C'est un amant jaloux, un mari avare de ses privilèges, un père aimant si les formes sont respectées. Il place très haut l'image qu'il se fait de lui-même. Si son entourage lui donne confiance, il peut atteindre les sommets.

Dérivé: Bernardin.

Chiffre: le 5. *Couleur:* le gris argenté. *Pierre:* l'opale. *Métal:* l'argent.

BERTHE   Fête: le 11 mai ou le 4 juillet

Étymologie: du germanique *behrt*, renommé.

Caractérisée par le sens du sérieux et de l'effort dès l'âge de l'école et des études. Plus tard, ses qualités sont l'énergie, la volonté et le courage. Elle a le goût d'une famille nombreuse et sait faire fructifier son capital. La solidité de son jugement et la fidélité de ses sentiments lui valent d'être souvent entourée d'êtres plus faibles qui apprécient l'équilibre qu'elle peut leur apporter.

Dérivés: Bertha, Bertille.

Chiffre: le 7. *Couleur:* le bleu violacé. *Pierre:* la turquoise. *Métal:* l'or blanc.

BERTRAND   Fête: le 16 octobre

Étymologie: du germanique *behrt*, brillant, et *bramm*, le corbeau.

C'est un émotif, prompt à s'enthousiasmer comme à désespérer. Le corbeau, totem étymologique de Bertrand, symbolise l'intelligence dans tout ce qu'elle a de plus intuitif et de plus excessif, jusqu'au point où elle devient un danger potentiel pour l'équilibre psychologique.

Sourcier, il capte les idées, les émotions. L'algèbre mentale lui est naturelle. Cette sensibilité déliée n'est pas un gage de bonheur; il lui faut un entourage attentif et harmonieux pour que ses nombreux dons et son goût pour l'indépendance ne le conduisent pas à la misanthropie.

Chiffre: le 8. *Couleur:* le vert clair. *Pierre:* la topaze (jamais brûlée). *Métal:* l'or blanc.

BLAISE   Fête: le 3 février

Étymologie: vient du latin *blaesus*, qui veut dire bègue.

C'est un intuitif qui n'agit guère avec logique. Il est volontiers mystique.

Chiffre: le 3. *Couleur:* le jaune.

BLANCHE   Fête: le 3 octobre

Étymologie: du germanique *blanke*, brillant.

C'est une combattante, un chef. Rien ne la décourage. Aux armes de la séduction ou de la rhétorique, elle préfère celles de l'action. Mais cette ambition ne va pas sans enjouement et son goût pour le pouvoir n'a rien de sombre ni de romantique. Pour elle, la vie est belle, gaie. Fidèle en amitié plus qu'en amour, la sensualité a moins de prise sur elle qu'il ne paraît; mais elle aime se montrer femme, par intermittence, comme pour vérifier son crédit.

Chiffre: le 4. *Couleur:* le gris perle. *Pierre:* l'opale. *Métal:* l'argent.

BLANDINE

Fête: le 2 juin

Étymologie: du latin *blandus*, caressant.

Elle a souvent un visage de madone. Faite pour le dévouement, elle a le goût de servir. Elle est douce et séduisante.

Chiffre: le 7. *Couleur:* le bleu.

BONIFACE

Fête: le 5 juin

Étymologie: du latin *bonifacius*, celui qui a bon visage.

Énergique, endurant et absolu, il jouit souvent d'une santé de fer.

Chiffre: le 1. *Couleur:* le bleu.

BORIS

Fête: le 24 juillet

Étymologie: vient du russe *borets*, combattant.

Doué d'une intelligence pénétrante, souvent il s'intéresse à la métaphysique. C'est un amoureux passionné. Le prénom Boris est très répandu dans les pays slaves.

Chiffre: le 9. *Couleur:* le violet.

BRIGITTE

Fête: le 23 juillet

Étymologie: du celtique *bright*, forte.

Le masculin et le féminin qui cohabitent en chaque être humain font, en elle, un curieux ménage. Ils se refusent toute préséance, ne cessent de se jouer des tours. Résultats: un noeud de contradictions. La grâce se veut intelligence; la sensibilité, raisonnement; l'intuition, démonstration. Cette équivoque permanente a quelque chose de fascinant qui provoque admiration et exaspération. Mais elle n'est pas facile à vivre. Étudiante, elle passe pour brouillonne et indisciplinée; son inconstance parsemée d'éclairs de génie lui vaut de perpétuels «peut faire mieux». Adulte, on la juge capricieuse, tour à tour survoltée et dépressive, joyeuse et angoissée. On dirait que les plaisirs l'ennuient et que ses ennuis l'amusent... Mais c'est avec séduction qu'elle mène cette vie aux mille détours.

Chiffre: le 3. *Couleur:* le rouge. *Pierre:* l'améthyste. *Métal:* l'or rose.

BRUNO   Fête: le 6 octobre

Étymologie: du germanique *brun*, bouclier.

L'aventure solidaire ne lui fait pas peur. Le risque l'attire, le fascine et va parfois jusqu'à l'entraîner trop loin. Enfant difficile à comprendre, mais affectueux, il deviendra un adulte singulier: la morale commune n'est pas pour lui. Il se crée ses propres règles, inimitables.

Chiffre: le 4. *Couleur:* le bleu sobre. *Pierre:* le diamant. *Métal:* l'or pâle.

CAMILLE

Étymologie: du latin *camillus*, jeune homme qui assistait les prêtres lors des sacrifices, chez les Romains.

Prénom androgyne qui, aujourd'hui, est plus souvent donné aux filles qu'aux garçons. Masculin ou féminin, ce qui le caractérise le plus nettement, c'est l'ardeur: une ardeur impulsive, généreuse jusqu'à l'imprudence. Cela va souvent jusqu'à l'oubli de soi au nom d'une idée, d'une théorie, d'un sentiment, et Camille, dans ces conditions, peut montrer une certaine cruauté. Cette brutalité est rachetée par de grandes qualités de rigueur morale: droiture, justice, charité. Camille montre aussi un entrain souriant qui lui vaut partout les suffrages.

Chiffre: le 0. *Couleur:* le rouge sombre. *Pierre:* la sanguine. *Métal:* l'or blanc.

CARINE
Fête: le 7 novembre

Étymologie: du latin *carinus*, diminutif de *Carus*, cher, aimé.

Carine est le contraire de ce que voudrait faire croire son étymologie: une petite chérie. Solide, voire sévère, d'une franchise exigeante et affichée, elle va droit son chemin avec une fermeté qui semble parfois de l'entêtement. Peu soucieuse d'attendrissements, elle passe souvent pour égoïste; c'est qu'elle a, envers les sentiments, beaucoup de pudeur. Mais ce coeur farouche est aussi un coeur fidèle: s'il se donne, il ne se reprend plus.

Dérivé: Karina.

Chiffre: le 8. *Couleur:* le vert pré. *Pierre:* la chrysolithe. *Métal:* l'argent.

CARL   Fête: le 4 novembre

Étymologie: du germain *Karl*, viril.

C'est un optimiste né qui a souvent de la chance. Il aime se dépasser et dépasser les frontières.

Chiffre: le 7. *Couleur:* le rouge.

CARMEN   Fête: le 16 juillet

Étymologie: du latin *carmen*, le chant.

Il y a toujours deux femmes en elle: l'une, vibrante de la joie de vivre, tourbillonnante, jamais lasse; l'autre, songeuse, éprise d'absolu, intraitable. Mélange détonant et imprévisible qui fait les vies bien remplies. Peines et plaisirs s'y mêlent inextricablement; leur écheveau n'a ni commencement ni fin. Mais on retrouve dans leur trame des qualités constantes: une intuition presque infaillible, une générosité inépuisable, une fidélité intacte.

Pour Carmen, ses parents, sa famille, sa «tribu» sont sacrés: elle ne saurait les trahir ni les abandonner. Elle a l'intelligence du coeur, celle qui comprend sans rhétorique ni explications, qui va droit à l'essentiel. Elle possède aussi une sorte d'humilité devant l'amour, de respect inné de la passion. Dans l'ordre des sentiments, elle est mystérieusement en phase avec tout ce qui aime, tout ce qui souffre, tout ce qui vit.

Dérivé: Charmaine.

Chiffre: le 6. *Couleur:* le noir. *Pierre:* l'onyx blanc. *Métal:* le platine.

CAROLE   Fête: le 17 juillet

Étymologie: du germanique *karl*, viril.

Elle n'est pas toujours sérieuse, ne montre pas toujours son énergie, mais elle a de la gentillesse, de l'entrain, de la sociabilité. Elle papillonne, se lasse vite de ses engagements, aime le bruit de la fête et les plaisirs de l'aventure. Mais dans son existence un peu chaotique, jamais une once de méchanceté. Née pour plaire, elle semble posséder un secret qui fait que tout le monde l'aime.

Dérivé: Caroline.

Chiffre: le 9. *Couleur:* le rouge.

CASIMIR   Fête: le 4 mars

Étymologie: du polonais *kas*, qui signifie assemblée.

Il peut, s'il se laisse entraîner par ses mauvais instincts, être jaloux, cruel pour les faibles. Si, par contre, il obéit à ses bons penchants, il se dévoue corps et âme pour les pauvres et les affligés. Il cherche une épouse qui lui permettrait de rejoindre Dieu. Son attente et ses recherches sont souvent déçues.

Chiffre: le 9. *Couleur:* le bleu.

CATHERINE   Fête: le 29 avril et le
                                       25 novembre

Étymologie: du grec *katharos*, pur.

Tout lui est permis, tout lui est promis. Carrefour de tous les songes, de toutes les ambitions, de toutes les passions, elle atteste, par sa permanence et son universalité, une dimension de l'être humain au féminin qui n'a pas fini de nous faire rêver.

Comme l'indique son étymologie, elle est pure, d'une pureté violente, sauvage, tendue, qui, si les circonstances s'y prêtent, irait plutôt chercher sa voie dans le délire mystico-sensuel des héroïnes du marquis de Sade.

L'instinct qui la possède c'est celui de la chasse. Elle met à son service toutes ses ressources, qui sont immenses. Tour à tour forte et faible, attendrissante et cruelle, humble et orgueilleuse, elle prête à ses ambitions toutes les armes qui paraissent devoir lui donner la victoire.

Étrange Catherine. Par son appartenance au royaume de la forêt, elle effraie. Par sa relation plus subtile à tous les rites de germination et de fécondité, elle séduit. Il y a en elle, comme un grand éclat de rire, qui fait briller des dents blanches et cruelles, d'un rire impétueux, inépuisable, celui de la vie.

Dérivés: Cathie, Ketty, Katia, Nine.
Chiffre: le 2. *Couleur:* le rouge.

CÉCILE

Étymologie: du latin *Cœcilii*, patronyme d'une
famille de l'aristocratie romaine
qui devait son nom à un ancêtre,
Cactus, c'est-à-dire aveugle.

Elle partage, avec les fleurs des champs, la
grâce de communiquer d'instinct avec la beauté.
Et tout ce qui est beau l'attire et la fascine, parfois jusqu'à l'imprudence. Elle ne revendique ni
réussite professionnelle, ni fortune, ni notoriété.

Enfant docile, écolière un peu distraite, attirée par l'esthétique, son univers est fait d'harmonie, de paix, de simplicité. Fidèle à sa vérité
qui n'est pas toujours celle des autres, elle cherche dans les hommes qu'elle aime le reflet du
Beau; ce qui fait qu'elle passe souvent pour les
trahir. Qu'importe ce qu'on dit d'elle! Il lui suffit d'écouter, en silence, résonner l'écho de sa
musique intérieure.

Dérivés: Célia, Célie.

Chiffre: le 7. *Couleur:* le bleu-violet. *Pierre:*
le saphir foncé. *Métal:* l'or blanc.

CÉDRIC

Fête: le 7 janvier

Étymologie: du saxon *caddaric*, chef de guerre.

C'est un jeune chevalier, amateur de tournois. L'indépendance caractérise les Cédric dès leur plus jeune âge, et même une certaine tendance au vagabondage et à la fugue. Mais aussi le courage, la franchise et la rapidité intellectuelle.

Chiffre: le 11. *Couleur:* le gris-vert. *Pierre:* la chrysoprase. *Métal:* le platine.

CÉLESTIN   Fête: le 27 juillet

Étymologie: du latin *caelestis*, venant du ciel.

Méfiant et exigeant, il reste souvent célibataire. Il est minutieux. C'est un travailleur acharné, capable de réaliser de grandes choses.

Chiffre: le 6. *Couleur:* le jaune.

CÉLINE   Fête: le 22 octobre

Étymologie: du grec *selène*, la lune.

Elle a le charme de l'inconnu, de l'incommunicable. Toute d'intuition profonde, d'impulsion sensible, de sensualité incontrôlée, c'est un être de mystère, totalement féminin. Son instinct maternel est très profond: elle aime protéger, donner et se donner. À l'aise dans l'univers clos de la famille où l'on se comprend sans paroles, elle a d'inépuisables qualités de coeur.

Chiffre: le 1. *Couleur:* le rouge. *Pierre:* le diamant. *Métal:* l'or rose.

CÉSAIRE

Étymologie: du latin *caesar*, dérivé de *caseo*, faire une césarienne.

Doué d'un tempérament d'artiste très développé, il est souvent très minutieux et est très sensible au jugement d'autrui.

Dérivés: César, Césarine.
Chiffre: le 6. *Couleur:* le vert.

CHANTAL

Étymologie: Rare cas d'un nom de famille français devenu prénom.

Elle recherche l'originalité et tout est original en elle. Fantasque, un brin lunatique, tour à tour euphorique et nostalgique, elle possède un fond de gaieté qui la fait venir à bout de toutes les difficultés de la vie. Sous son apparence écervelée, c'est une intellectuelle qui comprend vite et va directement à l'essentiel: mais elle aime jouer avec les mots, en tirer des métaphores singulières, surprendre son entourage comme une actrice son public. On la dit superficielle, mais ses masques successifs sont l'expression de sa pudeur. Quand elle les retire, apparaît une femme attentive, fidèle et profondément sensible.

Chiffre: le 5. *Couleur:* le jaune doré. *Pierre:* le diamant. *Métal:* l'or jaune.

CHARLES   Fête: le 4 novembre

Étymologie: du germanique *karl*, viril.

Il y a en lui quelque chose de charnel, une sorte de pesanteur qui pousse les petits Charles à l'application et à la discipline. Enfants laborieux, attentifs, persévérants, ils sont faits pour des études longues et méthodiques. Ils semblent toujours avoir le temps pour eux: c'est parce qu'ils ont un but, une ambition.

Fidèles à leur enfance, au clan familial, ils n'auront de cesse d'agrandir leur domaine, privé et professionnel. Ce sont parfois des collectionneurs de femmes, parfois, au contraire, des champions de l'amour unique: c'est qu'il leur faut beaucoup d'amour, en quantité ou en qualité.

Ce besoin se reflète aussi dans leur carrière: toujours plus, plus loin, plus haut, plus profondément. Ils sont persuadés que la vie est une chose sérieuse, qu'elle se justifie par les oeuvres et qu'ils sont appelés à en témoigner, gravement, comme tout ce qu'ils font.

Dérivés: Carol, Carolin, Charlot, Carlos.

Chiffre: le 7. *Couleur:* le bleu-vert. *Pierre:* l'améthyste. *Métal:* l'or blanc.

CHARLOTTE   Fête: le 4 novembre

Étymologie: la même que Charles.

Elle possède plusieurs des traits de caractère de Charles, mais avec moins de force et d'âpreté, plus de sensualité et une sorte d'instabilité nerveuse qui peut aller jusqu'à l'angoisse. Elle s'en délivre par de brusques élans d'enthousiasme sentimental qui en font souvent une grande séductrice.

Dérivés: Carlotta, Charlène, Charline, Cheryl, Lola, Carole et Caroline.

Chiffre: le 4. *Couleur:* le bleu ciel. *Pierre:* le corail. *Métal:* l'or rose.

CHLOÉ   Fête: ?

Étymologie: du grec *chloros*, vert, verdoyant.

Elle est sensuelle, enjouée, sensible aux modes qui passent. Sa fantaisie passe pour de la légèreté, mais elle est plus profonde qu'il ne semble. Sa personnalité secrète, portée à l'anxiété, est bien marquée: elle ne la révèle qu'à ses proches qui ont souvent du mal à la suivre dans ses contradictions et ses élans de mysticisme.

Chiffre: le 1. *Couleur:* le bleu azur. *Pierre:* l'aigue-marine. *Métal:* l'or blanc.

CHRISTIAN   Fête: le 12 novembre

Étymologie: du latin *christianus*, chrétien.

C'est un prénom léger à porter et qui ne laisse supposer que des qualités positives: intelligence, sociabilité, énergie, générosité. La contrepartie: une confiance accordée souvent hâtivement qui confine à l'imprudence.

Dérivés: Chrétien, Chris.

Chiffre: le 0. *Couleur:* le rouge sang. *Pierre:* la sardoine. *Métal:* le platine.

CHRISTIANE   Fête: le 29 juillet

Étymologie: la même que Christian.

Féminin de Christian, elle s'en distingue par son exigence de justice et de charité. Le coeur, chez elle, guide la volonté en toutes circonstances; et coeur et volonté sont doués d'une énergie inépuisable. Cette passion peut la conduire à la révolte. Si, le plus souvent, elle ne va pas jusque-là, c'est que la violence lui répugne.

Elle n'est pas toujours facile à vivre. Sévère avec les autres autant qu'avec elle-même, elle hait la mesquinerie, le mensonge, l'infidélité, surtout chez les siens. Mais ses sursauts de colère ne durent jamais longtemps. Elle sait se faire pardonner comme elle sait pardonner.

Chiffre: le 3. *Couleur:* le mauve. *Pierre:* la turquoise. *Métal:* l'or pâle.

CHRISTINE   Fête: le 24 juillet

Étymologie: la même que Christian.

Plus cérébrale, plus complexe, moins altruiste que Christiane, elle a aussi plus de curiosité pour tous les aspects de la vie, fussent-ils dangereux ou étranges. Elle est souvent attirée par l'occulte et montre des dispositions de médium. Sa vive intelligence, sa sensibilité parfois exagérée ne l'inclinent pas à la gaieté: elle perçoit aisément le côté obscur des êtres et des choses.

Enfant, elle est tendre, soumise, tranquille. Adulte, elle porte à sa réussite professionnelle une attention inquiète, voire jalouse, et ses performances suscitent l'envie. Elle possède un fort instinct maternel et, dans le cercle étroit de sa vie privée, c'est elle qui «dit la loi».

Dérivés: Christel, Christelle.

Chiffre: le 8. *Couleur:* le rouge sang. *Pierre:* la sardoine. *Métal:* le platine.

CHRISTOPHE   Fête: le 22 octobre

Étymologie: du grec *christophoros*, celui qui porte le Christ.

C'est l'homme capable de supporter un grand poids, d'affronter de grandes épreuves. Léger et lent, passif et nonchalant dans le quotidien, il montre ses qualités dans les circonstances exceptionnelles. C'est alors qu'il révèle son énergie, sa lucidité, l'ampleur de ses vues. Cet effort, accompli dans l'allégresse, il retourne à sa vie de tous les jours et à ses défauts charmants: une gentillesse un peu superficielle, un air de supériorité qui ne se prend pas trop au sérieux, le goût de plaire sans guère donner en échange.

Chiffre: le 4. *Couleur:* le vert clair. *Pierre:* l'émeraude. *Métal:* l'or clair.

CLAIRE   Fête: le 22 octobre

Étymologie: du latin *clarus, clara,* clair.

C'est une aristocrate impérieuse, sûre d'elle-même, dont les passions ne souffrent aucune concession. On dirait qu'elle voit plus haut et plus loin que les simples mortels et qu'elle partage des secrets auxquels nous n'avons pas accès.

Claire met dans son existence une fougue qui exprime tout son besoin d'absolu: née pour gouverner, pour enseigner, pour indiquer le chemin, elle s'entoure d'une cour de vassaux ou d'un groupe de disciples. Quoi qu'il arrive et dans quelque domaine que ce soit, elle est la première. Sans violence et même sans tensions, elle régnera, si minuscule que soit son royaume ou bien, elle se repliera sur elle-même, incapable d'accepter un second rôle. Elle exige beaucoup, mais ce qu'elle peut donner est immense.

Dérivés: Clarisse, Clairette, Clarine.

Chiffre: le 0. *Couleur:* le brun-roux. *Pierre:* la sardoine. *Métal:* l'or blanc.

CLAUDE

Fête: le 6 juin

Étymologie: du latin *claudius*, boiteux.

C'est un prénom tout d'une pièce, franc comme l'or. Un prénom de bon vivant, sans complexe, généreux et solide comme un produit de terroir. Garçon ou fille, Claude est bien armé(e) pour la vie et la chance l'accompagne. Sans forcer le destin, il réussit là où d'autres s'essoufflent à poursuivre le succès. Enfant, il est souvent un leader pour ses camarades. Adulte, il a un sens de l'équilibre qui le préserve de tout excès et lui attire sympathie et amitié.

On vient facilement lui demander conseil, lui faire des confidences. C'est un sage dont la fidélité, le courage, la bonté, le bon sens ne sont jamais pris en défaut.

Dérivés: Claudette, Claudine.

Chiffre: le 8. *Couleur:* le jaune-vert. *Pierre:* la chrysoprase. *Métal:* l'argent.

CLÉMENCE   Fête: le 21 mars

Étymologie: du latin *clemens*, clément, doux.

Clémence partage tous les dons de Clément (voir ce prénom). Mais elle y ajoute une note de sérieux, de gravité même. Elle apprécie les grands projets et possède le souffle pour les accomplir. C'est une «bûcheuse» qui aime les courses de fond, mais n'en dédaigne pas pour autant les plaisirs et les fêtes, à condition d'être sous les projecteurs.

Dérivé: Clémentine.

Chiffre: le 7. *Couleur:* le bleu-violet. *Pierre:* la turquoise. *Métal:* l'or blanc.

CLÉMENT

Fête: le 23 novembre

Étymologie: du latin *clemens*, clément, doux, bon.

C'est une chance de porter un prénom aussi transparent, qui reflète une aussi haute qualité. Le petit Clément est un enfant sage, qui s'élève ensuite, par degré, jusqu'à la véritable Sagesse.

Largeur de vues, tolérance, magnanimité, telles sont les qualités de Clément. Il faut y ajouter une grande habileté et le don de communication.

Dérivés: Clémentin, Clémentine (fém.).

Chiffre: le 1. *Couleur:* le bleu clair. *Pierre:* l'améthyste. *Métal:* l'or blanc.

CLOTHILDE

Fête: le 4 juin

Étymologie: du germain *hold*, gloire, et *hild*, combat.

Elle croit au couple épanoui dans le mariage. Elle se donne beaucoup de mal pour réaliser le bonheur à deux. C'est une grande amoureuse, mais avec un fond de conformisme.

Chiffre: le 8. *Couleur:* l'orangé.

COLETTE

Fête: le 6 mars

Étymologie: du grec *nikè*, la victoire, et *laos*, le peuple (comme Nicole et Nicholas).

C'est un prénom de terroir, chargé de bon sens et de pragmatisme, qui sous-entend des qualités d'équilibre, de générosité, de sérieux. Colette a le goût de l'effort, du travail bien fait, des journées bien remplies. C'est souvent une originale: elle se soucie peu du jugement d'autrui, du moment qu'elle obéit à sa conscience scrupuleuse. Elle aime vivre entourée d'amis qu'elle préfère parfois à sa propre famille. Elle mène à sa guise sa carrière et sa vie privée, sans jamais faire cas des critiques ni des louanges, car elle sait toujours où elle va.

Chiffre: le 8. *Couleur:* le vert jade. *Pierre:* le béryl. *Métal:* le platine.

COLOMBAN   Fête: le 23 novembre

Étymologie: du latin *columba*, colombe.

Il est lourd, rustique, solide. Il donne une sonorité quasi «taciturne». Colomban n'est rebuté par aucun travail. Il est fait pour les entreprises de longue haleine. Il est sensible à la critique.

Chiffre: le 3. *Couleur:* l'orangé.

COLOMBE   Fête: le 31 décembre

Étymologie: du latin *columba*, colombe.

Elle possède le goût des grands espaces et des horizons nouveaux. Cependant, ce n'est pas une pacifique: son caractère entier, parfois même un peu sauvage, l'entraîne à de terribles colères. Coeur d'or, intelligence rapide, coup d'oeil vif: elle est douée pour tous les métiers de la communication. Sa sensibilité est parfois un handicap: elle l'incline à céder aux mouvements de son coeur trop impressionnable.

Dérivé: Colombina.

Chiffre: le 4. *Couleur:* le bleu pâle. *Pierre:* le corail. *Métal:* l'or vert.

CONRAD   Fête: le 26 novembre

Étymologie: du germain *con*, courageux, et *rad*, conseil.

Manquant parfois de logique, il doit se fier à son intuition. Plus mystique que sensuel, il est toujours en quête d'un idéal.

Chiffre: le 1. *Couleur:* l'orangé.

CONSTANCE   Fête: le 8 avril

Étymologie: du latin *constancia*, la fidélité, la constance.

Ce prénom a un parfum de fleur des champs, de vie simple, de fidélité aux usages et aux traditions. Constance est une enfant sage et tranquille, dévouée aux siens, gracieuse et aimante.

Adulte, elle garde ses qualités d'enfant et une sorte d'innocence qui lui permet d'être sensible à la vérité des êtres qui l'entourent et auxquels elle consacre, sans faillir, toute son existence.

Dérivés: Constant, Constantin. (Pour les deux, voir Constance.)

Chiffre: le 10. *Couleur:* le noir. *Pierre:* l'onyx blanc. *Métal:* le platine.

CORENTIN   Fête: le 12 décembre

Étymologie: du celtique *kar*, ami.

Il ne prend rien au tragique. Il vit en se jouant de la vie. Souvent instable, il sait cependant reconnaître une intelligence supérieure. Il n'a pas d'instinct grégaire: c'est un individualiste.

Chiffre: le 8. *Couleur:* le bleu.

CORINNE   Fête: le 18 mai

Étymologie: du celtique *kar*, ami, amie.

Deux natures cohabitent en elle. L'une est passionnée, emportée, excessive, et la pousse sans cesse à entreprendre, à risquer. L'autre est plus passive, voire un peu alanguie. Elle a besoin d'être entourée, consolée, admirée; elle cherche partout son appui. Corinne doit se débrouiller avec cette trame complexe et le résultat est souvent surprenant.

Passant de l'excitation à la dépression, de l'euphorie au découragement, du plaisir au chagrin, elle n'est pas toujours comprise de son entourage. Ceux qui y parviennent découvrent un être fascinant, qui sait se faire aimer et qui résume en elle toutes les contradictions de l'esprit et du coeur humain.

Dérivés: Cora, Coralie.

Chiffre: le 8. *Couleur:* le vert jade. *Pierre:* la cornaline. *Métal:* le platine.

CYPRIEN   Fête: le 16 septembre

Étymologie: du latin *cyprius*, originaire de Chypre.

Il aime le risque et méprise la douceur. Il est doué d'une énergie à toute épreuve.

Chiffre: le 9. *Couleur:* le rouge.

CYRILLE   Fête: le 18 mars

Étymologie: du grec *kurios*, divin.

Doué d'une pensée pleine d'originalité, il a horreur de la médiocrité et des contraintes. Est très indépendant. Il a le sens de l'amitié et de la bonté. Son affectivité est souvent «claire», comme les deux «i» de son prénom.

Chiffre: le 3. *Couleur:* le rouge.

DAMIEN
Fête: le 26 septembre

Étymologie: du grec *damia*, déesse grecque de la fertilité.

Il a le naturel et la spontanéité de l'enfance. Son charme est fait de délicatesse et de poésie.

Chiffre: le 1. *Couleur:* le rouge.

DANIEL
Fête: le 11 décembre

Étymologie: de l'hébreu *dyan*, juge, et *El*, duhim, c'est-à-dire Dieu.

Il a beaucoup de dons et de séduction. Il en abuse, sûr qu'il est de son charme, de son intelligence, de sa chance. Il sait endosser des personnalités successives, se faire aimer des grands-mères comme des tendrons, se tirer des situations les plus difficiles.

Enfant, ses parents ne savent pas lui résister: il les désarme d'un sourire. Adulte, il court où le pousse son caprice. Égoïste, mais attentif à consoler ceux ou celles qu'il peine. Il est l'homme des contradictions surmontées, habité en permanence d'un grand bonheur de vivre.

Dérivé: Dan.

Chiffre: le 0. *Couleur:* le brun-roux. *Pierre:* la sardoine. *Métal:* le fer.

DANIELLE   Fête: le 22 octobre

Étymologie: la même que Daniel.

Elle se rapproche beaucoup de son modèle masculin. Elle y ajoute une grande sensualité, cause ou conséquence d'une sensibilité à fleur de peau. Danielle ne peut vivre seule, mais le contact d'autrui l'écorche souvent. Elle a besoin de douceur, de raffinement, de tendresse. Lorsqu'elle n'en trouve pas, elle a tendance à se réfugier dans l'imaginaire.

Chiffre: le 7. *Couleur:* le bleu. *Pierre:* la turquoise. *Métal:* l'or blanc.

DAPHNÉ   Fête: le 5 octobre

Étymologie: du grec *daphné*, le laurier.

Le charme de Daphné est fait de gaieté, de légèreté et d'une sorte de parfum érotique. Petite fille, elle est souriante, à la féminité précoce; puis une femme avide de plaire, parfois jusqu'au caprice. Belle infidèle, à qui l'on pardonne volontiers, tant elle met de vivacité, d'exubérance, de tendre malice dans la vie un peu décousue qu'elle mène.

Chiffre: le 4. *Couleur:* le bleu turquoise. *Pierre:* le diamant. *Métal:* l'or rose.

DAVID   Fête: le 29 décembre

Étymologie: de l'hébreu *Daoud*, aimé, sous-entendu de Dieu.

C'est un étonnant mélange d'intelligence, de trouble et de volonté, de spleen et de joie de vivre! Jamais immobile, mais jamais non plus tout à fait absorbé par sa course perpétuelle. On pourrait dire qu'il danse plus qu'il n'avance, qu'il échafaude plus qu'il ne bâtit.

Sa séduction ne le laisse jamais en repos, il en use sans compter. Il est né pour dépenser. La joie de conceptualiser, le plaisir d'aimer, le plaisir d'entreprendre se disputent l'âme de cet homme jamais blasé, jamais repu.

Ni l'ambition, ni la gloire, ni la fortune n'ont à ses yeux valeur d'absolu. Il place plus haut la vérité, l'honneur, l'amitié.

Il est de ceux que la condition humaine enchante et désespère à la fois et qui ne cessent d'écouter leur musique intérieure. Il n'est pas toujours facile de vivre avec lui. Mais, si épuisant qu'il soit parfois, quelle fête!

Chiffre: le 5. *Couleur:* le jaune or. *Pierre:* le diamant. *Métal:* l'or jaune.

DENIS   Fête: le 9 octobre

Étymologie: du grec *dionysos*, nom du dieu de la vigne, du théâtre et de tous les défoulements.

C'est un être de contradictions, un carrefour de pulsions, d'idées, de rêves. Secret et cependant doué pour la communication, chimérique et cependant habile à réaliser ses ambitions, intellectuel et cependant grand amateur de techniques, voire de bricolages, il n'est jamais facile à comprendre. On le croit ici, il est déjà ailleurs. Famille, amis, épouses, maîtresses s'épuisent à le suivre. C'est qu'il a de l'énergie à revendre. On l'imagine épuisé, il se réveille, rebondit, repart. Sa personnalité est une forteresse imprenable. Mais il sait en orner les murailles de mirobolantes bannières.

Dérivé: Sydney.

Chiffre: le 3. *Couleur:* le rouge. *Pierre:* l'améthyste. *Métal:* l'or blanc.

DENISE
Fête: le 6 décembre

Étymologie: la même que Denis.

Elle se distingue de Denis par une énergie plus canalisée, plus pragmatique. C'est une traditionaliste, respectueuse des usages et des conventions, ce qui provoque souvent, chez elle, de tumultueux conflits intérieurs, entre sa soif d'aventures et d'entreprises et la discipline qu'elle s'impose, le rôle qu'elle s'efforce de jouer.

Chiffre: le 2. *Couleur:* le vert. *Pierre:* l'émeraude. Métal: l'or vert.

DIANE
Fête: le 9 juin

Étymologie: du latin *Diana*, déesse de la nature sauvage et de la chasse.

Est-elle audacieuse ou inconsciente, révoltée ou tout simplement capricieuse? Une certaine hauteur aristocratique la met à l'abri de ces questions gênantes. Sa désinvolture passe pour de la fantaisie, son instabilité pour de l'originalité.

Elle parvient toujours à ses fins. Ce qu'elle veut, c'est tout simplement le bonheur, le bonheur le plus calme, le plus traditionnel, le plus «bourgeois» qui se puisse imaginer: être aimée par l'homme qu'elle aime, lui donner des enfants, partager sa réussite. Alors, finis le flirt, le marivaudage, la comédie. Diane est devenue sage. Elle jette le masque; elle a gagné.

Chiffre: le 9. *Couleur:* le doré. *Pierre:* le diamant. *Métal:* l'or jaune.

DIDIER   Fête: le 23 mai

Étymologie: du latin *desideratus*, désiré, attendu.

Énergique, orgueilleux, d'un caractère absolu, il peut réaliser de grandes choses et il peut aller jusqu'au sacrifice.

Chiffre: le 4. *Couleur:* le jaune.

DIEUDONNÉ   Fête: le 22 octobre

Étymologie: du latin *a deo datus*, donné par Dieu. Deodat est un synonyme de Dieudonné.

Pour être bien dans sa peau, il doit renoncer aux excès de toutes sortes. Ce prénom est lourd à porter, étant donné sa signification littérale.

Chiffre: le 1. *Couleur:* le vert.

DOLORÈS   Fête: le 15 septembre

Étymologie: de l'espagnol *Maria de los dolorès*, personnification de la Vierge Marie au pied de la croix.

Malgré l'étymologie, ce n'est pas un prénom triste. Au contraire, il comporte vivacité, générosité et liberté, un grand besoin d'aimer et d'être aimé, un sens aigu de la justice et seul lien qui le rattache a son origine étymologique, le don inné de compassion.

Chiffre: le 7. *Couleur:* le bleu de mer. *Pierre:* le corail rose pâle. *Métal:* l'or rose.

DOMINIQUE   Fête: le 22 octobre

Étymologie: du latin *dominicus*, consacré au Seigneur, à Dieu.

Homme ou femme, qu'importe. C'est un prénom ambigu. Dominique a une volonté violente, toujours sous tension. Il a un caractère protéiforme qui a besoin de se limiter et de s'identifier. C'est un volcan qui crache les passions, les haines, les rêves et ne supporte pas les trop longs répits entre les interruptions.

Le sexe n'est qu'un avatar pour cet être de feu, une forme parmi tant d'autres de cette énergie qui le dévore et avec laquelle il voudrait embrasser le monde. Il est habité par le songe d'un univers fraternel et chaleureux dont l'amour est le seul moteur.

Tous les Dominique ne réalisent pas leur idéal. Ils sont alors comme braises sous la cendre. Ces Dominique-là sont infiniment vulnérables. Il faut leur apporter douceur et tendresse, une attention sensible, sans défaillance. Alors, un jour la récompense viendra sous la forme d'une lumineuse explosion de ferveur et de joie.

Chiffre: le 4. *Couleur:* le bleu-gris. *Pierre:* l'émeraude. *Métal:* l'or vert.

DONALD   Fête: le 15 juillet

Étymologie: du celtique *da*, qui veut dire bon, et de *noal*, Noël.

Souvent égoïste et maniaque. D'ailleurs, il reste généralement célibataire. Ce prénom risque également de déclencher les moqueries des camarades d'école par rappel du célèbre canard.

Chiffre: le 5. *Couleur:* le rouge.

DOROTHÉE   Fête: le 6 février

Étymologie: du grec *doron*, don, présent, et *theos*, dieu.

Elle a tout pour plaire: intelligence, sensibilité, générosité. Trop espiègle pour se prendre au sérieux, trop orgueilleuse pour chercher à séduire. Trop éprise d'aventure pour jamais se fixer, elle a quelque chose des elfes et des lutins, de ces petits dieux et de ces gracieuses, petites déesses qui hantaient, naguère, les rues et les bois.

Charmante, mais évanescente, heureuse, mais à sa façon, qui est celle d'ailleurs d'un pays où nul ne pénètre qui ne soit guidé — fugacement — par elle.

Dérivés: Dorinda, Dora, Doris.

Chiffre: le 2. *Couleur:* le vert tendre. *Pierre:* le béryl vert. *Métal:* l'or rose.

EDGAR   Fête: le 8 juillet

Étymologie: du saxon *ed*, richesse, et *gari*, lance.

Perspicace, ouvert et précis comme la syllabe finale de son prénom. Son intelligence est très pénétrante et il a tôt fait de déceler le point faible de son adversaire ou de ses amis.

Chiffre: le 8. *Couleur:* le jaune.

ÉDITH

Étymologie: du saxon *ed*, richesse.

Il y a en elle un optimiste inépuisable qu'aucun revers ne peut atteindre. C'est un être qui donne sans compter tout ce que la vie lui apporte et qui garde une étonnante fidélité à tous les siens, parents, enfants, amis. Un de ces êtres dont on aime être l'ami, malgré ses sautes de tension et d'humeur, sa frénésie d'activité et son goût pour l'ironie, voire la moquerie.

Chiffre: le 7. *Couleur:* le violet. *Pierre:* le jaspe vert. *Métal:* l'or blanc.

EDMÉE

Fête: le 20 novembre

Étymologie: du saxon *ed*, richesse.

Elle est souvent rieuse. Il y a en elle un fond de gaieté naturelle, qui rend ses manières directes. On peut dire qu'elle a un tempérament bon enfant.

Chiffre: le 5. *Couleur:* le violet.

EDMOND

Fête: le 22 novembre

Étymologie: du saxon *ed*, richesse, et *mund*, protection.

Il y a de grandes richesses en germe chez les jeunes Edmond. Ce qui leur donne parfois un air au-dessus de leur âge et les isole de leurs camarades. Mais, ils se suffisent à eux-mêmes, savent où ils veulent aller et y vont tout droit. Plus tard, autour d'eux, se créeront de grandes familles, heureuses de bénéficier des trésors du clan, quitte à pester contre la soumission et la discipline qui en seront les contreparties.

Chiffre: le 4. *Couleur:* le vert bleuté. *Pierre:* l'émeraude. *Métal:* l'or vert.

ÉDOUARD   Fête: le 5 janvier

Étymologie: du saxon *ed*, richesse et, *warden*, gardien.

Il a les mêmes qualités qu'Edmond, mais Édouard y met plus de chaleur, de gaieté, d'enthousiasme. C'est un intellectuel, amateur d'horizons nouveaux et de vastes espaces. Les batailles d'idées, fussent-elles politiques, ne lui font pas peur. La rhétorique est son fort et c'est un rude joueur. Avec Edmond, il partage le goût des richesses, le sens de la propriété, et le don de bâtir de belles fortunes.

Dérivés: Teddy, Eddy.

Chiffre: le 8. *Couleur:* le brun. *Pierre:* le béryl.
Métal: l'or vert.

EDWIGE   Fête: le 16 octobre

Étymologie: du saxon *ed*, richesse, et *wig*,
        combat.

Elle est souvent très belle, épanouie, parfois
trop bien en chair. Elle est attachée aux traditions.
Directe et sans détours, elle pique parfois des
colères qui dénotent un fond vindicatif.

Chiffre: le 8. *Couleur:* le vert.

ÉLÉONORE   Fête: le 25 juin

Étymologie: vient du grec *eleos*, compassion.

Elle passe par des périodes de dépression sui-
vies de périodes d'exaltation. Capricieuse, elle
entre difficilement en contact avec autrui.

Chiffre: le 8. *Couleur:* l'orangé.

ÉLIANE   Fête: le 4 juillet

Étymologie: de l'hébreu *El*, l'un des noms de
        Dieu.

Brillante, parfois même un peu superficielle,
énergique, voire impérieuse, c'est une ambitieuse
pressée de parvenir à la réussite et qui ne s'atten-

drit ni sur autrui ni sur elle-même. Elle met sa clairvoyance au service de la vérité.

Dérivés: Élie, Élina.

Chiffre: le 7. *Couleur:* le bleu violacé. *Pierre:* l'émeraude. *Métal:* l'or pâle.

ÉLISABETH   Fête: le 15 novembre

Étymologie: de l'hébreu *El*, Dieu, *isha*, salut, et
                 beth, maison.

Il est des Élisabeth de toutes sortes, aux caractères et aux destins opposés, aux lignes de force contradictoires, aux dons si divers qu'on ne perçoit plus entre eux aucune unité. Mais un trait commun demeure: une sorte de majesté, consciente ou non, apparente ou secrète, relie les unes aux autres toutes les Élisabeth.

Elles sont peut-être un peu graves, sérieuses, appliquées à bien faire; et soucieuses aussi, comme si, plus que d'autres, elles avaient mission d'exprimer, de matérialiser par le succès, la réussite et la fécondité de leur existence, le rôle dévolu à la femme dans l'aventure de l'humanité. Peut-être, du reste, est-ce pour échapper à cette mission trop lourde que tant d'Élisabeth sont devenues des Lise, des Babette, des Belle? Prénom de vie publique avec ce que cela suppose de pompeux. Élisabeth, dans l'intimité, se repose de son faste monarchique et s'amenuise pour trouver un bonheur plus terre à terre sous le masque d'un diminutif.

Dérivés: Babette, Bella, Bettina, Betty, Élisa, Lisbeth, Élise, Elsa, Isabelle, Lise. Voir ces quatre derniers prénoms.

Chiffre: le 5. *Couleur:* le jaune doré. *Pierre:* la topaze (jamais la brûlée). *Métal:* l'or jaune.

ÉLISE   Fête: le 5 novembre

Étymologie: de l'hébreu *El*, Dieu, et *isha*, salut.

Ce prénom témoigne d'une volonté de discrétion, voire d'effacement. Élise est une introvertie, rêveuse, vivant volontiers dans les mondes imaginaires qu'elle crée avec une merveilleuse facilité. Mais ce goût pour la vie intérieure ne l'empêche pas d'être gaie, d'aimer s'entourer d'amis ou d'enfants et de manifester un équilibre serein.

Chiffre: le 8. *Couleur:* le rouge sang. *Pierre:* la sanguine. *Métal:* le fer.

Élodie   Fête: le 22 octobre

Étymologie: du grec *elodie*, fleur des champs.

La musique de ce prénom semble le remettre à la mode. C'est un bon choix car les astres protègent Élodie et la comblent de dons artistiques. Elle a un sens inné de la beauté, un goût profond pour la nature, une patience remarquable pour écouter, observer, comprendre. Sa grâce, un peu fragile, lui vaut d'être très entourée.

Chiffre: le 12. *Couleur:* le bleu-vert. *Pierre:* l'aigue-marine. *Métal:* l'or.

ELVIRE   Fête: le 16 juillet

Étymologie: la même que Alfred.

Élégante avec un côté racé, elle a du charme, sinon de la beauté. Elle a un air de santé et de franchise qui dénote de la personnalité. Elle est souvent orgueilleuse. Elle veut être l'égale de l'homme et y réussit.

Chiffre: le 8. *Couleur:* le jaune.

ÉMILE   Fête: le 22 mai

Étymologie: du grec *haimulos*, ruse.

C'est un prénom de gagneur. Entreprenant, fonceur, d'un optimisme à toute épreuve, il ne dédaigne pas, pour parvenir à ses fins, les voies obliques et les stratagèmes. À l'aise dans les laby-

rinthes de la vie professionnelle et publique, il
apprécie, en revanche, un foyer uni. Plus fidèle
en amour qu'en amitié, il a besoin d'une compa-
gne douce et solide qui saura panser les blessu-
res d'une existence aventureuse, lui redonner
confiance et ne jamais cesser de l'admirer.

Dérivés: Milou, Miloud, Émilien.

Chiffre: le 6. *Couleur:* le noir. *Pierre:* l'agate.
Métal: le platine.

ÉMILIE   Fête: le 24 août

Étymologie: du grec *haimulos*, rusé.

Elle trouve souvent son équilibre dans la maternité charnelle ou spirituelle. Sinon, elle rêve et
ne tient guère compte de la réalité. Il arrive qu'elle
mente pour rendre la vie, sa vie, plus romanesque.

Dérivé: Émilienne.

Chiffre: le 8. *Couleur:* le bleu.

EMMA   Fête: le 29 juin

Étymologie: de l'hébreu *imm-el*, Dieu avec nous.

Elle se voudrait immorale, mais n'est qu'amo-
rale, et encore! Elle est fantasque et capricieuse.
Elle juge les événements et les gens un peu trop
rapidement. Mais elle a le don d'enfance...

Chiffre: le 5. *Couleur:* l'orangé.

EMMANUEL   Fête: le 25 décembre

Étymologie: de l'hébreu *imm-el*, Dieu avec nous.

Un nom qui évoque autant de significations théologiques, ésotériques et historiques ne peut pas être neutre. Une aura entoure donc les Emmanuel, qui va parfois jusqu'à intimider leur entourage. On préférera les appeler Manuel, voire Manou.

C'est un prénom qui ne facilite pas la familiarité. Il écarte l'aventure, peut-être la fantaisie; il incline à la réflexion, souvent à la solitude. Mais, à côté de toutes ces tendances à l'improvisation, il y a un joli lot de qualités: énergie, ampleur de vues, fidélité. Emmanuel est solide comme un roc; il va droit et loin, il ne trahit jamais. Son intelligence est celle des grandes synthèses, des constructions puissantes. Son coeur est pur.

Dérivés: Manuel, Manou.

Chiffre: le 11. *Couleur:* le gris clair. *Pierre:* le saphir. *Métal:* l'or blanc.

EMMANUELLE   Fête: le 23 décembre

Étymologie: la même que Emmanuel.

Le succès d'un film érotique a fait à ce prénom une paradoxale réputation de sensualité. Mais si Emmanuelle multiplie ses expériences amoureuses avec une application si passionnée, c'est qu'elle ressent douloureusement son introversion, les difficultés qu'elle éprouve à s'exprimer, à communiquer. Son sérieux naturel et sa rigueur passionnée s'accordent mal avec la légèreté, l'indifférence même que requièrent les aventures sentimentales ou sexuelles. Cette femme a une conception trop haute de l'amour et des valeurs fondamentales de l'existence pour trouver aisément avec qui les partager. Elle fait de sa vie une quête, mais une quête du bonheur plus qu'une quête des plaisirs.

Chiffre: le 1. *Couleur:* l'aqua. *Pierre:* l'émeraude. *Métal:* le platine.

ÉRIC   Fête: le 18 mai

Étymologie: du germain *ehre*, honneur, et *rik*, roi.

Prénom des rois barbares, Éric claque comme un étendard Vicking. Il induit la joie du combat, la vigueur virile, la camaraderie. Ouvert au monde qu'il aime parcourir plus qu'à comprendre, il a la gaieté, la fougue, la spontanéité des grands extravertis. Impatient, trop curieux de tout pour avoir le goût de s'analyser, il préfère la poésie à la métaphysique, la fantaisie à la rigueur. Versatile, inconstant, il n'attache pas nécessairement de prix à la fidélité des femmes qu'il aime. L'adversité le fait sombrer dans une angoisse qu'il surmonte en changeant de vie, de décor, de métier, en faisant appel à ses amis. Son courage va jusqu'à la témérité, sa droiture ignore les compromis, son intelligence va directement au but. Il ne craint qu'un ennemi: l'ennui.

Dérivés: Ricky, Genseri.

Chiffre: le 3. *Couleur:* le vert doré. *Pierre:* le chrysoprase. *Métal:* l'argent.

ÉRIKA   Fête: le 18 mai

Étymologie: la même que Éric.

Elle sait imposer sa volonté presque malgré elle. Elle aime séduire... Pour se créer un esclavage de plus, même quand elle est sincère.

Chiffre: le 8. *Couleur:* le rouge.

ERNEST   Fête: le 7 novembre

Étymologie: du germanique *ernst*, sérieux, important.

C'est un prénom en forme de corset: il sousentend le sérieux, l'importance, une certaine dose d'austérité janséniste. Comme s'il voulait brider un caractère. Plus intuitif que rationnel, plus généreux que réfléchi. Il y a donc deux hommes en lui. Celui qui se préoccupe des apparences et des convenances, de la réussite sociale et des honneurs, et celui qui se moque des hiérarchies et des usages, des valeurs établies et des normes. Cette continuelle duplicité lui donne souvent un petit air moqueur qui frise l'impertinence. Mais lorsqu'il baisse le masque pour ses plus proches amis, il est drôle et brillant.

Dérivé: Ernestine.

Chiffre: le 5. *Couleur:* le blanc argenté. *Pierre:* l'opale. *Métal:* l'argent.

ESTELLE   Fête: le 11 mai

Étymologie: du latin *stella*, l'étoile.

Cette étoile à la lumière intermittente brille de joie, de grâce, de tendresse. Mais un rien suffit à l'occulter. Elle bascule dans le rêve ou la nostalgie et il lui faut beaucoup d'affection et de chaleur pour lui faire retrouver son rayonnement. Sa réussite, à l'école et dans sa vie professionnelle, est, elle aussi, à éclipses: mais n'ayez crainte, à des périodes d'obscurité et d'abattement succèdent toujours de nouvelles périodes de clarté.

Dérivé: Stella.

Chiffre: le 7. *Couleur:* le violet foncé. *Pierre:* l'émeraude. *Métal:* l'or blanc.

ESTHER   Fête: le 1er juillet

Étymologie: du perse *ester*, l'étoile, ou du même mot hébreu avec la même signification.

Ce prénom est surtout utilisé dans les familles juives. Plus solide et moins changeante qu'Estelle, elle connaît cependant, comme elle, des phases alternativement euphoriques et dépressives. Sa sensualité innée, son goût pour les choses concrètes et les biens de ce monde lui assurent cependant un bon équilibre.

Chiffre: le 8. *Couleur:* le jaune orangé. *Pierre:* l'alexandrite. *Métal:* l'or blanc.

ÉTIENNE   Fête: le 26 décembre

Étymologie: du grec *stephanos* couronné.

Que de promesses contenues dans ce nom! Enfant, il a tous les dons et tous les charmes. Adulte, il choisira, parmi tous les possibles qui s'offrent à lui, ceux qui lui permettront d'exercer son goût pour la recherche et son amour de la logique. Rien ne lui est inaccessible. Il le sait et n'en abuse pas. Mais il est vulnérable: ce héros est un tendre qui a besoin d'amour et que les aspérités de la vie sentimentale écorchent aisément. Blessé, il se recroqueville, s'isole. Jeune, on dira de lui que c'est un boudeur. Plus tard, on l'accusera de misogynie. Ce n'est pas vrai. Il lui faut seulement beaucoup de constante tendresse.

Dérivés: Stéphane, Steve.

Chiffre: le 6. *Couleur:* le violet foncé. *Pierre:* l'onyx. *Métal:* le platine.

EUGÈNE   Fête: le 13 juillet

Étymologie: du grec *eugenios*, celui qui est de noble race.

Il ne prend rien au tragique et s'adapte à toutes les circonstances. Il ne se laisse embarrasser par personne. Il déteste le confort intellectuel. Eugène est un prénom bon enfant.

Chiffre: le 3. *Couleur:* le bleu.

EUGÉNIE   Fête: le 7 février

Étymologie: la même que Eugène.

Elle est rassurée par ceux qui ont une forte autorité. Elle trouve son équilibre en travaillant.

Chiffre: le 3. *Couleur:* le bleu.

ÉVARISTE

Fête: le 26 octobre

Étymologie: du latin *eragor*, se propager.

C'est un homme conciliant, courtois, gentil et séduisant. Il est capable, grâce à son intuition, de deviner les intentions d'autrui. C'est souvent un artiste.

Chiffre: le 9. *Couleur:* le jaune.

ÈVE

Fête: le 6 septembre

Étymologie: de l'hébreu *avva*, la vie.

Un des seuls prénoms féminins à ne comporter que trois lettres, avec Zoé qui a la même signification: la vie, la source de vie. Ce n'est pas un prénom facile à porter. Celles qui l'assument auront une tendance évidente à la provocation, chercheront à échapper à la condition féminine traditionnelle et voudront rivaliser avec l'homme dans tous les attributs de sa domination. La révolte n'est pas loin. Son aiguillon mène Ève sur des chemins aventureux qui, à défaut de bonheur, peuvent lui procurer la satisfaction d'un destin accompli.

Dérivés: Éva, Évita, Évelyne.

Chiffre: le 9. *Couleur:* le jaune or. *Pierre:* le diamant. *Métal:* l'or jaune.

FABIEN   Fête: le 20 janvier

Étymologie: du latin *faba*, fève, mot sans doute d'origine étrusque.

Il possède un remarquable esprit de synthèse. Courageux et calme, il a le sens de l'autorité et est fait pour réussir sa vie.

Chiffre: le 1. *Couleur:* le jaune.

FABIENNE   Fête: le 27 décembre

Étymologie: la même que Fabien.

Moins d'innocence et plus d'ambition la distinguent de Fabien. Elle a, aussi, plus de sensualité que lui et se laisse souvent guider par l'impulsion. Mais on retrouve la même grâce enjôleuse, la même séduction chez l'un et chez l'autre.

Dérivé: Fabiola.

Chiffre: le 4. *Couleur:* le vert tendre. *Pierre:* le corail. *Métal:* l'or rose.

FABRICE   Fête: le 22 août

Étymologie: du latin *faber*, artisan, forgeron.

C'est un être sensible qui sait s'entourer d'amis. Il est foncièrement bon, mais il se montre parfois indifférent. Intelligent, il n'obéit qu'à ses sentiments, ce qui n'est pas le moindre paradoxe chez cet anticonformiste.

Chiffre: le 8. *Couleur:* le rouge.

FÉLICIEN   Fête: le 9 juin

Étymologie: du latin *felix*, heureux.

Souvent célibataire par méfiance et exigence, il est fait pour tous les métiers qui demandent de la minutie. Égocentrique, voire égoïste, il est pourtant capable de dévouement. C'est sans doute paradoxal, mais il est plein de paradoxes.

Chiffre: le 9. *Couleur:* l'orangé.

FERNAND/   Fête: le 30 mai
FERDINAND   et le 27 juin

Étymologie: du germanique *fried*, protecteur, et *nant* hardi.

Fernand a toutes les vertus d'un noble coeur. Mais il a parfois une certaine componction qui le rend peu apte à la fantaisie. Il en a conscience et ne souffre pas «qu'on lui marche sur les pieds». Né pour commander, il peut, s'il ne réussit pas à s'imposer, devenir amer, voire renfrogné. Mais si le succès récompense ses qualités, il

s'épanouit, répandant sur tous les siens sa générosité.

Chiffre: le 4. *Couleur:* le brun. *Pierre:* la turquoise. *Métal:* le cuivre.

FIRMIN   Fête: le 25 septembre

Étymologie: du latin *firmus*, ferme.

Réaliste et pratique, on pourrait parfois lui
reprocher de manquer de générosité. C'est un
prénom un peu ancien, provincial mais solide.
Chiffre: le 6. *Couleur:* l'orangé.

FLORENCE   Fête: le 1er décembre

Étymologie: du latin *florentia*, florissante.

Elle est soumise à de brusques élans d'activité
et de création. Florence semble suivre le rythme
de la nature. À l'école, ses maîtres s'interrogent:
quelle sera la Florence le jour de l'examen?

Plus tard, les hommes qui l'aimeront auront
la même inquiétude. Florence qui rit et s'exalte,
Florence qui somnole et bougonne, quelle est la
vraie? Toutes les deux, bien sûr, complémentai-
res, enchevêtrées, merveilleuses de naturel et de
courage — un véritable trésor.

Dérivés: Flora, Florentine, Florine.

Chiffre: le 7. *Couleur:* le vert de mer. *Pierre:* l'émeraude. *Métal:* l'or vert.

FLORENT

Étymologie: du latin *florens*, florissant.

Étymologiquement, il est celui qui fait fleurir ses dons, les fait s'épanouir. Ce qui explique son apparente instabilité: rien ne le satisfait jamais complètement, il veut explorer tous les champs du possible. Enfant charmeur et rêveur, il émerveille les siens par son sens de la poésie, son goût de la beauté.

Adulte, il passe souvent pour velléitaire. Sa mobilité s'accommode mal des carrières toutes faites et des vies sentimentales trop unies. Il entreprend tant de choses à la fois, succombe à tant de charmes et de passions qu'il n'est jamais tout à fait où on le croit. Mais il sait si bien jouer de sa séduction qu'on lui tient rarement rigueur de sa fantaisie.

Dérivés: Florentin, Florian.

Chiffre: le 1. *Couleur:* le violet. *Pierre:* la chrysolithe. *Métal:* l'or blanc.

FRANCE

Étymologie: la même que François.

Diminutif de Françoise, ce prénom est une singularité nationale. France est une originale qui ne déteste pas la provocation et mène sa vie à sa guise. Elle est bien armée pour arriver à la réussite professionnelle, moins bien pour trouver l'équilibre de sa vie privée: le bonheur familial la lasse vite et la fidélité n'est pas son fort.

Dérivés: Francine, Francette.

Chiffre: le 5. *Couleur:* le jaune or. *Pierre:* l'émeraude. *Métal:* l'or vert.

FRANÇOIS

Fête: le 4 octobre

Étymologie: du latin *francus*, transcription d'un mot germanique signifiant homme libre.

Liberté est le maître mot des François. Liberté au sens politique du terme, au sens métaphysique également. Le refus de la nécessité, du fatum, du «c'était écrit» appartient à la racine la plus profonde de ce mot. Ce n'est pas le gage d'une vie facile, et c'est presque toujours un signe de contradiction. La liberté est une exigence: elle se conquiert jour après jour, dans le secret de la conscience ou les armes à la main. Mais c'est un présage de profondeur intellectuelle, de courage civique, de sensibilité artistique.

Les François sont rarement du côté du pouvoir établi. Mais ces rebelles ont le goût de régner, de faire partager leurs convictions et leurs passions, fussent-elles excessives. C'est pourquoi ils sont des amants ombrageux, aux fidélités successives, toujours épris de nouvelles conquêtes, mais jaloux de les conserver toutes.

Dérivés: Francis, Francisque, Franclin, Frank.

Chiffre: le 8. *Couleur:* le vert mordoré. *Pierre:* la chrysoprase. *Métal:* le platine.

FRANÇOISE   Fête: le 9 mars

Étymologie: la même que François.

C'est vraiment François au féminin, avec parfois plus de mesure, plus d'équilibre, une sorte d'opiniâtreté féconde qui lui mérite, très tôt, à la fois un prix de sagesse et les prix d'excellence. Enfant calme, attentive à ne jamais blesser l'affection des siens, femme active, déterminée, qu'aucune barrière ne rebute, c'est l'image de la battante que rien ne décourage. Elle attache un grand prix aux valeurs morales et à la plus significative d'entre elles, à ses yeux: la liberté.

Dérivés: Fanchon, France, Francine, Soizie (forme bretonne de Françoise).

Chiffre: le 4. *Couleur:* le bleu clair. *Pierre:* le diamant. *Métal:* l'or rose.

FRÉDÉRIC

Fête: le 18 juillet

Étymologie: du germanique *fried*, puissant, et *rik*, roi.

C'est un prénom taillé pour la gloire, fait pour les sommets. Presque trop lourd à porter pour un enfant, ce qui explique la fréquence des diminutifs: Fred, Freddie, Fredo. Il éveille tôt le caractère aux rêves grandioses, à la volonté de construire soi-même sa propre existence sans rien devoir à autrui. Il fait des adolescents rebelles, pressés de s'affranchir du joug familial, quitte, plus tard, à resserrer les liens.

Ombrageux, voire hautain, conscient de sa propre valeur, soucieux de la faire reconnaître, Frédéric n'est pas un partenaire commode. Il exige beaucoup d'autrui, a tendance à commander plus qu'à demander, à prendre plus qu'à partager. Mais il cache, par pudeur, la recherche souvent éperdue de l'âme soeur. Ce n'est pas forcément une épouse qu'il cherche, mais l'alter ego. De cette rencontre dépend son bonheur. Si elle n'a pas lieu, son énergie se tournera vers d'autres horizons, et les horizons grandioses, parfois chimériques, ne lui manquent jamais.

Dérivés: Fred, Freddy.

Chiffre: le 8. *Couleur:* l'orangé. *Pierre:* l'alexandrite. *Métal:* l'or blanc.

FRÉDÉRIQUE   Fête: le 18 juillet

Étymologie: la même que Frédéric.

Ce prénom sonne comme un appel à la révolte et à l'émancipation. Il promet peut-être une vie d'entreprises hardies et de coups durs, mais il confère aussi audace, énergie, ardeur. De quoi surmonter tous les caprices du sort et parvenir enfin à l'équilibre tant souhaité des qualités d'affirmation de soi et d'autonomie, mais aussi de passion partagée et de bonheur à deux.

Dérivé: Frieda.

Chiffre: le 10. *Couleur:* le gris verdâtre. *Pierre:* le quartz. *Métal:* le platine.

GABRIEL   Fête: le 29 septembre

Étymologie: de l'hébreu *gabar*, force, et *El*, Dieu.

Les amis de Gabriel disent qu'il a le génie de la communication, ses ennemis qu'il est un intarissable bavard. Il a du charme et sait s'en servir. C'est qu'il aime séduire: ses parents d'abord, ses amis, les femmes qui lui plaisent.

Ce dragueur intarissable garde une éternelle jeunesse, le sens de la poésie, le goût des idées et celui des belles phrases. On lui pardonne toujours ses défauts parce qu'il possède un don rare, celui de la grâce.

Chiffre: le 5. *Couleur:* le gris perle. *Pierre:* la pierre de lune. *Métal:* l'argent.

GABRIELLE   Fête: le 29 septembre

Étymologie: la même que Gabriel.

Toute de sociabilité, de convivialité exubérante, cette charmeuse possède en outre le don de compassion. Elle ne sait pas seulement parler et faire chanter les mots, elle sait écouter, comprendre ce qui n'est qu'à moitié dit et consoler les coeurs affligés. Cela la rend parfois fragile: à force d'assumer les peines d'autrui, il lui arrive de ployer sous le fardeau.

Ses amis savent qu'il ne faut pas abuser de l'aide qu'elle est toujours prête à apporter: ils lui font une petite armée protectrice qui s'estime récompensée par la seule présence de cette chaleureuse séductrice.

Dérivé: Gaby.

Chiffre: le 10. *Couleur:* le rouge sang. *Pierre:* le grenat. *Métal:* le platine.

GAÉTAN   Fête: le 8 août

Étymologie: du latin *caietanus*, habitant de la ville de Gaete.

Traditionnellement, on dit de Gaétan que c'est un poète, un rêveur, un idéaliste. Mais ce prénom suggère aussi d'autres voies: celles de la recherche intérieure, de l'ascèse, de la compassion. Il est un signe de ralliement pour tous ceux dont le royaume n'est pas de ce monde.

Chiffre: le 7. *Couleur:* le bleu violacé. *Pierre:* le lapis-lazuli. *Métal:* l'or blanc.

GASTON   Fête: le 6 février

Étymologie: du germain *gast*, hôte.

Les Gaston éprouvent très fortement leurs émotions et leurs sensations. Ils se dégagent difficilement de leur affectivité. Indépendants de nature ils sont aussi très généreux. Les Gaston sont serviables et sincères, très souples également. Ils sont doués d'une excellente mémoire.

Chiffre: le 4. *Couleur:* le brun terre. *Pierre:* le béryl vert. *Métal:* l'or vert.

GENEVIÈVE   Fête: le 3 janvier

Étymologie: du haut germanique *geno*, la race noble, et *wifa*, la femme.

Chez elle, la volonté est à l'état pur, capable de renverser des montagnes. Sa vigueur obstinée, son sens de l'effort, sont goût du travail accompli — et bien fait — lui donnent les armes nécessaires à ses desseins qui peuvent être vastes, aventureux, apparemment irréalisables. Tendue vers son but, sûre de sa valeur et de son droit, rien ne l'arrêtera.

Ses ambitions ne sont pas toujours de celles qui éblouissent les foules. Geneviève n'a ni orgueil ni vanité. Elle sait que l'action ne se mesure pas qu'à son éclat. Elle accepte volontiers de ne pas paraître: il lui suffit d'être. Elle peut ainsi se contenter de jouer, auprès de ceux ou de celles qui s'agitent sur la scène, la conseillère éclairée, le véritable maître d'oeuvre de la pièce. Peu lui importe la gloire: à ses yeux, seul le résultat compte.

Sa faille, ce serait peut-être un peu d'intolérance et aussi de l'angoisse du temps qui fuit trop vite, le sentiment de l'inachevé, le sens aigu de ses imperfections, de ses erreurs, de ses limites.

Elle sait rire mais pas sourire. Elle prend tout au sérieux. Si elle ne peut manifester ce qu'il y a de plus profond dans son caractère, elle se replie sur elle-même, s'étiole, trouve son bonheur dans l'occultisme ou l'imaginaire. Elle n'en souffre pas. Même au royaume des fées, elle parvient à s'imposer.

Dérivé: Ginette.

Chiffre: le 0. *Couleur:* le rouge sang. *Pierre:* la sardoine. *Métal:* le fer.

GEORGES   Fête: le 23 avril

Étymologie: du grec *georgos*, celui qui travaille la terre.

Il a deux visages. L'un est celui d'un homme de pouvoir, dominateur, égocentrique, assoiffé de conquêtes et de biens matériels, aimant les vastes domaines et les entreprises fructueuses. L'autre est tourné vers la métaphysique, les nombres, l'abstraction, voire l'ésotérisme. Là aussi, il cherche à posséder, même s'il s'agit du savoir et de la connaissance.

Cet être double garde un peu de sa signification étymologique, comme s'il lui fallait toujours
se mesurer à un adversaire inlassable, jamais tout
à fait vaincu. Lucide et calculateur jusqu'à la
ruse, pragmatique même lorsqu'il se lance dans
de hautes spéculations intellectuelles, ce jouisseur aime les femmes, bien qu'il se conduise avec
elles comme un macho sud-américain.

Très attaché à sa famille, il porte, en particulier à sa mère, des sentiments à la fois passion-
nés et respectueux. Mais, sur la vie, sur les
choses, sur les gens et sur lui-même, il promène
un regard plein d'humour.

Chiffre: le 3. *Couleur:* le rouge vif. *Pierre:*
l'améthyste. *Métal:* le fer.

GEORGETTE Fête: le 23 avril

Étymologie: la même que Georges.

La version féminine de Georges est souvent
nerveuse, irascible, parfois même dépressive.
Elle cherche souvent, sans le trouver, un point
d'équilibre qui lui permettrait d'exprimer mieux
ce qu'il y a en elle d'original. Mais son instabilité l'interrompt presque toujours dans ce projet
raisonnable.

Dérivés: Georgia, Georgina.

Chiffre: le 12. *Couleur:* le violet. *Pierre:* la chrysolithe. *Métal:* l'or blanc.

GÉRALD   Fête: le 5 décembre

Étymologie: du germanique *ger*, la lance, et *wald*, chef.

Il possède une grâce aristocratique, un peu poseuse. Son fluide vital — énergie, confiance en soi, goût de l'effort — lui permet d'affronter sans excessifs scrupules de conscience les plus rudes compétitions. Hormis cette claire volonté de réussite, il est très proche de Gérard et, comme lui, possède sur les femmes un ascendant irrésistible.

Dérivés: Géraud, Giraud, Jerry.

Chiffre: le 7. *Couleur:* le vert émeraude. *Pierre:* la turquoise. *Métal:* l'or vert.

GÉRALDINE   Fête: le 5 décembre

Étymologie: la même que Gérard.

Libre, entreprenante et raisonneuse, elle a toutes les audaces, mais avec une grâce qui désarme la réprobation. Elle aime apprendre, accumuler des connaissances, dévorer des bibliothèques. Mais elle veut aussi vivre, voyager, découvrir de nouveaux horizons, de nouveaux êtres. Peu faite pour la vie de famille et le bonheur conjugal, elle s'entoure d'amis que fascinent ses dons.

Chiffre: le 8. *Couleur:* le brun. *Pierre:* le grenat. *Métal:* le platine.

GÉRARD   Fête: le 3 octobre

Étymologie: du germanique *ger*, la lance, et *hard*, dur.

Gérard ou la contradiction. Ce fonceur est un sceptique, ce fidèle est un inconstant, cet intellectuel n'est à l'aise que dans l'action. Ce qui ne va pas sans charme. La séduction de Gérard s'exerce sur tous: parents, amis, camarades, adversaires eux-mêmes y sont sensibles, et surtout les femmes, à commencer par sa mère. C'est qu'il inspire à la fois le besoin de protéger et d'être protégé. Il est tour à tour l'enfant gâté et le maître obéi. Est-il bon? Est-il méchant? Bien sûr: les deux à la fois.

Dérivé: Girard.

Chiffre: le 8. *Couleur:* le vert pré. *Pierre:* le jaspe vert. *Métal:* l'or blanc.

GHISLAIN   Fête: le 10 octobre

Étymologie: du germanique *ghil*, orage, et *hard*, brillant.

Du vif argent, de l'énergie pure! Ghislain n'est à l'aise que dans l'action où son esprit de décision et sa vivacité intellectuelle font merveille. Où prend-il le temps de réfléchir? Qu'importe, il fait confiance à ses dons, à son intuition, à la rapidité de ses calculs. Il ne fait pas bon l'avoir pour adversaire: cet ambitieux est vindicatif. Mais c'est un ami sûr et délicat. Sa vie sentimentale n'est pas toujours d'une grande simplicité: dans ce domaine aussi il apprécie la vitesse... Mais il aime protéger et, quoi qu'il arrive, il reste dévoué aux siens.

Chiffre: le 0. *Couleur:* le brun de terre. *Pierre:* l'agate. *Métal:* le platine.

GHISLAINE   Fête: le 10 octobre

Étymologie: la même que Ghislain.

Ce prénom porte en lui une sorte de prétention artificielle qui peut aller jusqu'à décourager l'amitié. Ghislaine, pourtant, vaut mieux que cette apparence. Son orgueil affiché n'est souvent que de la pudeur.

Une fois franchi l'obstacle, on découvre un être frémissant, délicat et fidèle qui recherche l'amour et le bonheur dans la paix du bonheur conjugal.

Chiffre: le 1. *Couleur:* le rouge. *Pierre:* la cornaline. *Métal:* l'or jaune.

GILBERT   Fête: le 4 février

Étymologie: du germanique *gisil*, la race, et *bert*, brillant.

Il a la gaieté un peu moqueuse des sages qui savent la relativité des choses, mais le coeur d'or des bons enfants qui trouvent dans la chaleur du foyer familial l'équilibre et la douceur de vivre. Il n'accorde pas grand crédit à la notoriété ou au succès.

Son intelligence subtile, ses talents de créateur, son sens esthétique le mettent partout à l'abri des ennuis. Il fait son miel de toutes les situations dans lesquelles il se trouve. Fidèle, tendre, délicat, la femme qu'il aime est tout pour lui et il n'a pas de scrupules à en être peu ou prou l'esclave.

Chiffre: le 5. *Couleur:* le blanc. *Pierre:* l'opale. *Métal:* l'argent.

GILBERTE

Étymologie: la même que Gilbert.

Elle se distingue de Gilbert par une sentimentalité plus complexe et un caractère plus hésitant. Elle aimerait que les circonstances décident pour elle si c'est l'amitié ou l'amour qui fait battre son coeur! Habile à déchiffrer les cas de conscience de son entourage, à raffiner sur les itinéraires de la carte du Tendre, à démêler l'écheveau des passions romanesques, une sorte de pudeur lui interdit d'appliquer à elle-même ses qualités de psychologue.

Sa vie intime est souvent chaotique, mais elle n'a pas de difficultés à mener sa vie professionnelle. Intelligente et lucide, elle se révèle également une étonnante femme d'action, prompte à la décision et capable d'audace et de ténacité. Avec, en plus, un remarquable sens de l'humour.

Chiffre: le 4. *Couleur:* le gris perle. *Pierre:* la pierre de lune. *Métal:* l'argent.

GILLES

Fête: le 1er décembre

Étymologie: du grec *aigidos*, le bouclier, symbole d'Athéna.

Il passe pour sceptique, comme si la réussite ne l'intéressait pas ou comme s'il était lui-même supérieur à toutes les péripéties qu'il affronte. Il est un ami sûr et fidèle et son sens de la réalité est très profond.

Doué d'un caractère mélancolique, il est porté à dominer. La recherche incessante d'un absolu indéfini peut le mener très loin… et n'importe où.

Au-dessus des précipices qu'il côtoie, son sourire songeur est comme un précieux symbole de la condition humaine.

Chiffre: le 8. *Couleur:* le brun roux. *Pierre:* la sardoine. *Métal:* l'or blanc.

GINETTE   Fête: le 3 janvier

Étymologie: dérivé de Régina qui vient du latin *regina*, reine.

Courageuse et très douce, elle sait habituellement ce qu'elle veut. Elle est très dévouée. Elle ne triche jamais et ne comprend pas que d'autres puissent le faire. Parfois frivole, on la dit trop sérieuse alors qu'elle a le sens de l'humour. Mais elle est aussi sensible. La médiocrité des autres lui fait horreur. Son intelligence la pousse à en savoir plus. Elle est affectueuse et fidèle.

Dérivé: Gina.

Chiffre: le 9. *Couleur:* le jaune doré. *Pierre:* le diamant. *Métal:* l'or jaune.

GISÈLE   **Fête: le 7 mai**

Étymologie: du germanique *ghisil*, la flèche.

C'est une de ces filles-fleurs, un être né pour charmer et qui a de la chance. Tout lui est facile. Elle n'a qu'à paraître pour plaire.

Petite fille tendre, studieuse, obéissante, sa douceur et sa grâce lui valent tous les suffrages. Adulte, elle se révèle déterminée à faire triompher ses idées, mais elle y met une telle séduction qu'elle a rarement à se battre pour l'emporter.

Chiffre: le 7. *Couleur:* le bleu-violet. *Pierre:* l'aigue-marine. *Métal:* l'or blanc.

GONTRAN   **Fête: le 28 mars**

Étymologie: du germain *gund*, guerre, et *harban*, corbeau.

Volontiers jouisseur, il cède devant la beauté qui a le don de l'émouvoir. Il est possessif et jaloux. Il est entêté, obstiné, ce qui fait à la fois sa force et sa faiblesse.

Chiffre: le 8. *Couleur:* le bleu.

GRÉGOIRE   Fête: le 3 septembre

Étymologie: du grec *egregorien*, celui qui est
                éveillé.

Il est celui qui veille, les yeux grands ouverts
sur le monde des idées et des formes, de l'intelligence et du coeur, il voit loin et profondément.
Enfant précoce, à l'enthousiasme fécond, pas-
sionnément attaché aux siens, il est joie de vivre
et tendresse.

Une certaine gravité lui vient avec l'adoles-
cence: elle ne le quittera plus. Elle l'attire vers
la réflexion métaphysique, la recherche intellectuelle, les sciences abstraites, sans toutefois
l'écarter de l'action dont il a besoin pour vérifier ses théories ou ses intuitions. Cet idéologue
épris d'absolu est aussi un homme aimant et
fidèle qui ne remet jamais en cause ses engagements.

Dérivés: Greg, Gregory.

Chiffre: le 8. *Couleur:* le bleu foncé. *Pierre:*
le lapis-lazuli. *Métal:* le platine.

GUILLAUME   Fête: le 10 janvier

Étymologie: du germanique *wille*, la volonté, et
                helm, protection.

Ce prénom a quelque chose de rugueux: il évoque les métiers manuels qui exigent force physique, endurance et adresse. Un peu de solitude ne lui messied pas, par l'effet d'une sorte de concentration intellectuelle qui le rend indifférent aux péripéties du monde extérieur. On le dit parfois distrait: il poursuit, contre vents et marées, son objectif.

Sa volonté ferme, même tranchante, lui fait voir grand et loin. Mais cet individualiste forcené est tout le contraire d'un matérialiste. Son univers est celui des idées, des songes, des mots. Le but qu'il poursuit a toujours quelque chose de démesuré voire d'extravagant. Pour un peu, il se rêve démiurge.

Il n'est pas facile de vivre à ses côtés. Mais cet homme singulier a le sens du clan: pour les siens, son dévouement ne connaît pas de limites. Droit par instinct, fidèle par conviction, généreux par l'effet d'un vrai détachement des biens de ce monde, il est de ces rocs sans faille sur lesquels on peut toujours compter.

Chiffre: le 6. *Couleur:* le gris acier. *Pierre:* l'onyx. *Métal:* le platine.

GUSTAVE

Étymologie: du germain *gustav*, celui qui prospère.

Volontaire et surtout courageux, il ne s'avoue jamais vaincu. Il peut être violent, mais il a le sens de l'amitié.

Chiffre: le 5. *Couleur:* le violet.

GUY

Fête: le 12 juin

Étymologie: du germain *wid*, la forêt.

Vif, il file droit dans la vie comme une flèche de Robin des Bois. Sa franchise et sa hardiesse qui confinent à l'insolence lui valent bien des rebuffades: il n'en tient aucun compte. Il faut le prendre tel qu'il est: généreux, gai, enthousiaste, et passer sur ses défauts.

Cet homme solide et dynamique est de ceux sur lesquels on peut toujours compter; il a le sens des responsabilités, aime commander et ne respire à l'aise que dans l'action.

La famille est pour lui une oasis: il lui reste indéfectiblement fidèle... à condition que son autorité soit reconnue sans partage.

Chiffre: le 8. *Couleur:* le violet.

HÉLÈNE

Étymologie: du grec *hélé*, éclat de soleil.

Sa discrétion est le respect de la liberté d'autrui. Elle a trop conscience de sa valeur pour s'imposer. Il y a en elle quelque chose du monarque libéral, sûr de son droit et de son jugement, mais si fortement attaché aux valeurs qui fondent la vie sociale qu'il laisse à chacun le soin de se déterminer. Hélène n'est pas une espiègle. Elle découvre très jeune le sérieux de la vie et garde toujours une certaine gravité. La très haute idée qu'elle se fait d'elle-même, de sa mission privée ou professionnelle ne l'empêche pas d'avoir le sens de la convivialité, le goût des grandes réunions amicales et un très vif esprit de famille.

Dérivé: Lena.

Chiffre: le 7. *Couleur:* le violet foncé. *Pierre:* l'émeraude. *Métal:* l'or clair.

HENRI

Étymologie: du germanique *heim*, maison, et *rik*, roi.

Il sonne clair et joyeux, avec quelque chose de cavalier qui n'appartient qu'à lui, une grâce sans façons et cependant tout aristocratique.

Henri n'est pas matérialiste. Il ne cherche pas à accumuler des richesses, ni à thésauriser des connaissances. La part qu'il fait au rêve est souvent plus large que celle qu'il consacre au réel. Mais il est, avant tout, un homme de communication, d'enthousiasme, de générosité. Il a besoin de paraître pour être. Sa chaleur vibrante lui vaut des cohortes d'amis.

Sa tendresse, l'attention qu'il prête aux sinuosités du coeur, la délicatesse de ses sentiments l'entraînent parfois à une espèce de vagabondage amoureux qui n'est pas sans séduction. Il mène sa vie comme une interminable croisade. Et s'il épuise parfois ceux qui le suivent, on lui pardonne volontiers ses excès de fougue: il a tant de charme.

Dérivé: Riquet.

Chiffre: le 7. *Couleur:* le violet. *Pierre:* l'améthyste. *Métal:* le platine.

HENRIETTE   Fête: le 17 juillet

Étymologie: la même que Henri.

On pourrait presque dire qu'elle est l'opposé d'Henri. Modeste, douce et tranquille, elle ne cherche qu'à se dévouer et sert les siens avec une bonté et une patience inépuisables. Mais attention, cette soeur de charité délicate et sensible peut être parfois, également, possessive. La conquérante perce sous la «servante au grand coeur».

Chiffre: le 11. *Couleur:* le gris souris. *Pierre:* le saphir. *Métal:* l'or blanc.

HERVÉ   Fête: le 17 juin

Étymologie: du celte *hoer*, fort, et *her*, ardent.

Un roi. L'adversité n'a aucune prise sur lui, ni la contradiction. Il va son chemin sans écouter, sans trembler, on dirait même sans voir. C'est l'homme des certitudes, toujours assuré de suivre sa bonne étoile. Il a de la chance, cet obstiné.

Au service de cette chance, il met tous ses dons: sa droiture, sa fidélité, sa générosité. Intuitif, il fait toujours confiance à ses proches, à ses amis. Courageux, il ne refuse jamais le risque. Et sa solidité lui vaut d'épauler de nombreux fidèles. Il y a quelque chose en lui du chef de clan.

Chiffre: le 9. *Couleur:* le jaune or. *Pierre:* le rubis. *Métal:* l'or jaune.

HILAIRE

Étymologie: du latin *hilaris*, gai.

Il est foncièrement optimiste et doué de bonne volonté. Il a souvent de la chance.

Chiffre: le 8. *Couleur:* le vert.

HONORÉ

Fête: le 16 mai

Étymologie: du latin *honoratus*, digne d'honneurs.

Doué de qualités d'organisateur, il possède souvent du sens pratique. C'est un réaliste. On pourrait lui reprocher parfois de manquer de générosité. Il peut être génial.

Chiffre: le 3. *Couleur:* l'orangé.

HUBERT

Fête: le 3 novembre

Étymologie: du germanique *hug*, intelligence, et *behrt*, brillant.

Sa force confine à la brutalité et son courage, à la témérité. Ce fonceur préfère agir d'abord et réfléchir ensuite et n'est à l'aise que dans les tumultes, les combats, les compétitions. Tête chaude, mais coeur généreux, il est sensible à la détresse des faibles: la veuve, l'orphelin... et tous les opprimés de la terre ont en lui un défenseur énergique et généreux.

Sa franchise sans nuance, sa candeur, sa spontanéité engendrent souvent des problèmes. D'autant plus qu'il ne peut se passer de la compagnie qu'il s'est choisie; il déteste en effet la solitude. Il y a en lui une sorte de perpétuelle fuite en avant qui s'explique peut-être par une angoisse métaphysique qu'il s'efforce de comprimer en laissant libre cours à son besoin d'action.

Chiffre: le 8. *Couleur:* le vert clair. *Pierre:* le chrysoprase. *Métal:* l'or blanc.

HUGUES   Fête: le 1er ou le 29 avril

Étymologie: du germanique *hug*, intelligence.

Ce marginal est un réaliste, ce rêveur est un créateur, ce tendre est un audacieux. La révolte l'habite mais également la prudence. Il a tous les courages mais il met avec soin toutes les chances de son côté et si aventureuses que paraissent ses entreprises, il ne cesse de les calculer.

C'est qu'il privilégie toujours l'intelligence, la réflexion, voire la ruse. L'usage de la force lui paraît l'expression de l'infériorité.

Sa grande liberté spirituelle l'incline souvent vers des recherches ésotériques ou métaphysiques. Il aime être le premier à découvrir les zones vierges de la pensée. Une fois assurée sa prééminence, il s'en détourne facilement.

Partagé entre la méditation et l'action, il a peu de temps pour les expériences sentimentales. Fidèle à la femme qu'il a choisie, il protège son intimité comme un domaine réservé où il n'accueille qu'un petit nombre d'élus.

Dérivés: Hugo, Hugolin.

Chiffre: le 0. *Couleur:* le rouge-brun. *Pierre:* la sardoine. *Métal:* l'or blanc.

HUGUETTE   Fête: le 29 avril

Étymologie: la même que Hugues.

Sa nature profonde la porte à s'illusionner. C'est une rêveuse qui s'accommode mal de la réalité. La maternité arrange souvent les choses.

Chiffre: le 8. *Couleur:* le violet.

IGOR   Fête: le 5 juin

Étymologie: du scandinave *Ingrarr*.

Le prénom est puissant, sonore, assez sombre. L'orgueil est l'arme maîtresse d'Igor mais elle est à double tranchant. L'orgueil le pousse à entreprendre, mais l'empêche de demander de l'aide s'il éprouve des difficultés.

Chiffre: le 4. *Couleur:* le rouge.

INÈS Fête: le 10 septembre

Étymologie: du latin *agnus*, agneau.

C'est l'activité faite femme; d'ailleurs, elle est pleine d'énergie et d'endurance. C'est une très bonne mère. On ne peut éprouver pour elle que de l'estime.

Chiffre: le 2. *Couleur:* le rouge.

Ingrid Fête: le 25 septembre

Étymologie: du germanique *ingfridh*, aimée, belle.

Elle ressent intensément les choses après les avoir méditées. Il en est ainsi des offenses. C'est une femme solide et stable, sur qui on peut compter. Un peu dure, peut-être, comme la résonance de son prénom.

Chiffre: le 3. *Couleur:* le rouge. *Pierre:* la sanguine. *Métal:* le fer.

IRÈNE Fête: le 5 avril

Étymologie: du grec *eirênê*, la paix.

Sa paix à elle, c'est un combat. Elle attaque de front et n'hésite pas à se mesurer aux hommes: la répartition des rôles masculins et féminins lui semble absurde. Sa volonté lui confère une assurance indestructible: elle sait ce qu'elle veut et quels moyens employer pour l'obtenir.

Intelligente, avide de connaissances, douée du sens de l'organisation, elle est de ces femmes dont on dit «c'est quelqu'un» sans penser un instant à utiliser le féminin.

Dérivé: Ira.

Chiffre: le 0. *Couleur:* le rouge-brun. *Pierre:* la sardoine. *Métal:* l'or blanc.

IRIS   Fête: le 4 septembre

Étymologie: du grec *iris*, messagère des dieux.

C'est en se dévouant aux autres qu'elle parvient à dépasser ses angoisses. Elle trouve ainsi son équilibre.

Chiffre: le 1. *Couleur:* le vert.

IRMA   Fête: le 9 juillet

Étymologie: du germain *irmin*, énorme.

Le prénom est assez sec, bref. Il n'a pas de résonance joyeuse mais évoque l'impatience et l'irritabilité. Irma veut trop faire ou trop bien faire, au lieu d'attendre son tour avec patience. Elle ne cède pas volontiers. Elle est souvent orgueilleuse.

Chiffre: le 5. *Couleur:* le bleu.

ISABELLE   Fête: le 22 février

Étymologie: la même que Élisabeth.

Elle a tout pour séduire: la vivacité, la grâce, la droiture et un je ne sais quoi qui n'appartient qu'à elle. Son audace est tempérée par sa sagesse: elle n'entreprend rien sans s'y être longuement préparée. Et, si passionnée qu'elle puisse se montrer, elle prend soin de ne faire souffrir personne. Elle voue à ses parents un attachement sans fêlure et protège les siens avec toutes les ressources de son coeur et de son intelligence.

Sensible à tous les arts, passionnée de musique, de poésie, de théâtre, la beauté est nécessaire à son existence, comme l'air ou l'eau. Elle a parfois un peu trop conscience de ses dons: cela lui donne un air de fierté qui intimide ou écarte ceux qui la connaissent mal. Ce n'est qu'une apparence. Sa véritable nature est autre, faite de ferveur et d'humilité, devant les merveilles du monde offertes à sa course. Au plus profond d'elle-même, il y a une sorte de flamme mystique qui éclaire toutes ses actions d'une lumière inimitable. C'est ce qui explique la fascination qu'exercent souvent celles qui portent ce prénom.

Dérivés: Isa, Bella.

Chiffre: le 5. *Couleur:* le blanc coquille d'oeuf. *Pierre:* l'opale. *Métal:* l'argent.

JACINTHE   Fête: le 17 août

Étymologie: du grec *hyacinthe*, personnage de la mythologie.

Avec elle, rien n'est simple. Complexe ou seulement compliquée, elle change d'humeur, d'idée, de passion, sans que son entourage puisse discerner les raisons de ses démarches capricieuses. Elle est inquiète de se connaître elle-même et toujours insatisfaite de ses introspections. Exigeante, active, perpétuellement en quête de nouveaux engagements, son instabilité ne l'empêche pas d'être gaie, sans rancune, généreuse. Mieux douée pour la camaraderie que pour l'amour, elle a pour les siens un attachement instinctif, qui vaut toutes les fidélités.

Chiffre: le 0. *Couleur:* le brun taupe. *Pierre:* le grenat. *Métal:* le fer.

JACOB   Fête: le 20 décembre

Étymologie: de l'hébreu *yacob*, trompeur.

Il est très impressionnable et souvent hypocondriaque. Il est volontiers rêveur. Il est très à l'aise avec les autres: hommes, femmes ou enfants. Parfois, il prend ses désirs pour des réalités.

Chiffre: le 4. *Couleur:* le bleu.

JACQUELINE   Fête: le 8 février

Étymologie: la même que Jacques.

Pour s'épanouir, elle a besoin de contacts sociaux. Elle n'est à l'aise que dans une grande famille ou une grande entreprise. Cette femme introvertie trouve alors l'occasion d'exprimer ses qualités d'organisation et de ténacité.

Combative, jamais rebutée par l'effort, capable de mener de front plusieurs projets complexes, c'est aussi une diplomate née qui sait ruser et plier pour parvenir à ses fins.

Dérivé: Jacotte.

Chiffre: le 8. *Couleur:* le jaune-vert. *Pierre:* la citrine. *Métal:* l'or blanc.

JACQUES

Fête: le 25 juillet

Étymologie: de l'hébreu *ya'agob*, celui qui devient le premier.

Jacques est marqué du sceau du combat. Combat mystique, parfois, mais plus souvent combat physique, pour lequel il puise son énergie dans une sorte de révolte permanente qui le conduit à refuser le monde tel qu'il est, la société telle qu'il la découvre, les systèmes de pensée tels qu'on veut les lui imposer.

Si son intelligence et sa force sont à la hauteur de cette capacité de refus, sa personnalité s'épanouit dans toutes les directions. Sinon, il peut se détourner de toute ambition, s'enfermer dans d'aigres rêveries, se montrer revêche, abrupt, tourmenté.

Dans ce cas, après avoir été un enfant vif, confiant, limpide, il deviendra un adulte insatisfait, coureur de jupons, incorrigible, inapte à la réussite sociale et au bonheur familial. Tout au contraire, lorsque ses capacités intellectuelles, artistiques ou manuelles trouvent à s'exprimer, il réunit en lui toutes les chances de succès.

Dérivés: Jack, James, Jacquot.

Chiffre: le 8. *Couleur:* le vert jade. *Pierre:* le jade. *Métal:* l'or blanc.

JEAN Fête: le 24 juin ou le 27 décembre

Étymologie: de l'hébreu *yo*, abréviation de *Yahvé*, dieu, et *hanan*, miséricordieux.

Sous plus de vingt-cinq graphies différentes, dans l'Occident chrétien, Jean bat tous les records; il arrive également en tête de tous les prénoms composés. Ceci parce qu'il est porteur d'une charge symbolique exceptionnelle.

Signe de la présence de l'absolu, de la tension métaphysique, de l'interrogation vitale qui habite au coeur de chacun de nous, il les manifeste, les souligne et les soutient. Il induit un ensemble, souvent instable, de traits caractéristiques, d'impulsions.

Il est l'homme des saccades, des revirements, des contradictions. L'action pour lui ne va pas sans méditation et la contemplation, sans combat. La vie sous toutes ses formes le fascine. Il refuse la défaite, le renoncement, la satiété.

Amant impérieux, exigeant mais fugace, il cherche souvent dans les femmes qu'il aime ce qu'elles ne peuvent lui donner. Peu doué pour la vie de famille, la monotonie des jours, il assume cependant toujours les responsabilités qu'il a prises.

L'amour est pour lui une chose de très grand prix. Seul l'égoïsme est étranger à ce chercheur d'absolu.

Dérivés: Jehan, Jeannot, Johan, Yann, Yannick.

Chiffre: le 2. *Couleur:* le gris bleuté. *Pierre:* le saphir. *Métal:* le platine.

JEANNE   Fête: le 30 mai

Étymologie: la même que Jean.

C'est la petite soeur de Jean. Plus près du réel, plus soucieuse d'efficacité, plus attentive à la vie quotidienne, peut-être. Cela la fait paraître un peu terre à terre, âpre au gain. Mais ce pragmatisme est une façade. Il lui sert à cacher sa vraie nature qui est faite d'excès: excès de générosité, d'enthousiasme, d'énergie, toutes qualités qui conviennent mal, croit-elle, à une femme.

Mais quand les circonstances l'amènent à se révéler, elle est de celles qui savent aller loin sans ralentir l'allure, avec une intelligence prompte et le réflexe sûr. Seulement, pour qu'elle sorte de sa coquille de prudence, il faut un détonateur: c'est rarement l'ambition, plus souvent l'amour, plus souvent encore l'idéal.

Dérivés: Jeannette, Jeanine, Janine, Jehanna, Joana, Johanna, Nanette.

Chiffre: le 9. *Couleur:* le jaune soleil. *Pierre:* le diamant. *Métal:* l'or jaune.

JÉRÉMIE/JEREMY   Fête: le 1er mai

Étymologie: de l'hébreu *yirme*, élève, et *Yah*, Yahvé, Dieu, c'est-à-dire l'élève de Dieu.

Il a le goût et le sens des responsabilités. Il aime affronter la dure réalité, imposer ses vues, diriger, créer. L'effort ne lui fait jamais peur: c'est pour lui une manière d'être. Son énergie inlassable est au service d'une intelligence vive, prompte à décider, ardente à engager le combat. Bref, c'est un chef.

Dérivé: Jerry.

Chiffre: le 1. *Couleur:* le rouge foncé. *Pierre:* l'améthyste. *Métal:* le fer.

JÉRÔME   Fête: le 30 septembre

Étymologie: du grec *hieros*, sacré, et *onoma*, nom.

Il y a du mystère en lui, de l'occulte. On croirait parfois qu'il écoute des musiques que nous n'entendons pas, perçoit des formes et des couleurs que nous ne croyons pas. Il est attiré par la méditation et son sens de l'absolu ne souffre pas de partage.

Persuadé de son bon droit, il n'hésite jamais sur le parti à prendre: le sien. Aussi, son caractère est rugueux; sa compagnie, fatigante. Mais l'ampleur de ses vues, la générosité de son intelligence, le frémissement de ses intuitions valent cela. Et, de toute façon, c'est lui qui vous choisit.

Chiffre: le 4. *Couleur:* le vert clair. *Pierre:* le corail rose pâle. *Métal:* le cuivre.

JESSICA Fête: le 4 novembre

Étymologie: de l'hébreu *yehagagam*, Dieu est ma force.

Elle est pragmatique, forte de son droit, de ses convictions, de ses dons; elle tranche tout sans hésiter, parfois même sans beaucoup réfléchir. Elle aime provoquer, se mettre en avant, tenir tête. L'argent ne lui est pas indifférent et pour accroître son bien, elle est capable de longs efforts. Elle a l'esprit clair, sinon profond, l'élocution vive, le raisonnement assuré. Il ne fait pas bon se trouver sur son chemin: la pitié n'est pas son fort.

Dérivés: Jessé, Jessy.

Chiffre: le 5. *Couleur:* le blanc. *Pierre:* la topaze (jamais brûlée). *Métal:* l'argent.

JOCELYN   Fête: le 13 décembre

Étymologie: du celtique *Gos*, Dieu, et *ing*, fils; donc fils de Dieu.

Il porte en lui une charge de rêves, de liberté et d'absolu, de perfection et de solitude. Avec lui, la communication est souvent difficile: il vit «ailleurs», dans un univers dont, seul, il possède la clé. Dans son monde règnent la fantaisie, le caprice et la grâce et il est une sorte de prince de comédie, malicieux et marivaudeur.

Mais, il le sait, ce n'est là qu'illusion. Sa vraie quête va plus loin, plus haut et requiert plus de gravité. C'est pour elle qu'il s'est fait croisé, comme un chevalier. Il vit un peu à l'écart de ses fidèles, avec ce sourire de tendre compassion qui agace tant ses ennemis et charme si profondément ses amis.

Dérivé: Josse.

Chiffre: le 4. *Couleur:* le bleu pâle: *Pierre:* le quartz. *Métal:* l'or rose.

JOCELINE/JOCELYNE

Étymologie: la même que Jocelyn.

Éprise de liberté et de solitude, elle communique aisément avec le monde du rêve et des merveilles. Elle a du mal à être tout entière à ce qu'elle accomplit. Mais c'est une femme d'action qui ne recule devant aucune entreprise. L'effort physique ne la rebute pas.

Elle sait tenir sa maison en ordre, et faire marcher au pas mari, enfants, amis. Elle aime s'entourer d'animaux, s'occuper de son jardin, soigner sa forme physique. L'univers des idées et celui des arts lui demeurent souvent indifférents. Sensuelle, intuitive jusqu'à la divination, le monde tel qu'il est ou tel qu'elle le voit ne lui déplaît pas. Elle a le goût et le sens du bonheur.

Dérivé: Josseline.

Chiffre: le 0. *Couleur:* le rouge sang. *Pierre:* le grenat. *Métal:* l'or blanc.

JOËL
Fête: le 13 juillet

Étymologie: de l'hébreu *Yo*, abréviation de Yahvé, Dieu, et de *El* qui signifie également Dieu: Dieu est Dieu.

Joël est tout en vivacité, l'esprit toujours en éveil et le corps agile. Extraverti, enjoué, altruiste, on peut compter sur sa disponibilité. La fidélité en amour n'est pas son fort, mais c'est un ami sûr. Son besoin d'activité n'est pas de tout repos pour son entourage.

Dérivé: Joëlle.

Chiffre: le 4. *Couleur:* le vert clair. *Pierre:* le diamant. *Métal:* l'or vert.

JOSEPH
Fête: le 19 mars

Étymologie: de l'hébreu *Yosephyah*, donné par Yahvé, Dieu.

Discret, laborieux, courageux, il accepte son destin sans chercher à comprendre les voies impénétrables du Seigneur.

Pourtant, il a d'étonnantes qualités: le sérieux, la réflexion, l'obstination. Son intelligence va droit à l'essentiel. Et son coeur ne ment jamais. Ce qu'il construit est fait pour durer.

Dérivés: Jo, José.

Chiffre: le 2. *Couleur:* le vert forêt. *Pierre:* l'émeraude. *Métal:* l'or vert.

JOSÉPHINE
Fête: le 19 mars

Étymologie: la même que Joseph.

On lui prête beaucoup d'énergie et de volonté, une sensualité ardente, un coeur généreux, mais peu de goût pour la réflexion. Elle se fie à son intuition et fait confiance à la droiture d'autrui. Enfant tendre et aimante, elle devient une femme souvent capricieuse, voire infidèle, mais d'une constante spontanéité.

Chiffre: le 3. *Couleur:* le mauve rosé: *Pierre:* le grenat. *Métal:* le fer.

JOSETTE   Fête: le 19 mars

Étymologie: la même que Joseph.

Il y a chez elle une recherche angoissée de l'équilibre. Rêveuse de nature, elle s'oblige à l'action. Elle veut à la fois diriger et obéir, entreprendre et se résigner. La maternité l'apaise. C'est une excellente mère de famille.

Dérivés: Josiane, Josie.

Chiffre: le 9. *Couleur:* le jaune or. *Pierre:* le diamant. *Métal:* l'or jaune.

JUDITH   Fête: le 5 mai

Étymologie: de l'hébreu *yehudi*, le juif.

Judith est un chef: son univers est celui de l'action, sa devise, celle de Danron: «de l'audace, toujours de l'audace». Elle aime aller vite, multiplier les contacts et les expériences et ne s'attarde jamais sur un échec. Elle ne connaît pas l'angoisse ni, du reste, le scrupule ou le repentir. Cette extravertie, un peu abrupte et souvent fière, est merveilleusement douée pour la réussite. Elle en a seulement un peu trop conscience.

Chiffre: le 3. *Couleur:* le rouge sombre. *Pierre:* la sanguine. *Métal:* le fer.

JULES   Fête: le 12 avril

Étymologie: du latin *Iulius*, nom du fils d'Énée, fondateur légendaire de Rome.

Jules est un chef, un caïd, un dur, mais pour quelles guerres? Parfois, il montre du courage, de la lucidité, de la fidélité. On le trouve plus fréquemment en prénom double.

Dérivés: Julot, Julien.

Chiffre: le 8. *Couleur:* l'orangé. *Pierre:* le jaspe vert. *Métal:* l'or blanc.

JULIE   Fête: le 8 avril

Étymologie: la même que Jules.

C'est le charme et la grâce, la fantaisie et la passion. Rien ne lui résiste et, pourtant, personne n'a moins le goût de la domination. Elle passe et l'on s'émeut. Elle sourit et l'on est heureux. Il y a en elle une sorte d'intuition souveraine qui lui ouvre tous les coeurs, sans effort ni arrière-pensée.

Elle vit dans l'instant, mais cet instant est de joie. Elle est inconstante, capricieuse, insouciante. Le sérieux de la vie, les grandes ambitions, les soucis quotidiens la font fuir. Son monde à elle est transparent, fugace, tout de tendresse et de bonheur de vivre. Les mots fusent, les rires s'égrènent, les coeur battent, le temps passe… et Julie rayonne.

Dérivés: Julienne, Juliette.

Chiffre: le 1. *Couleur:* le jaune soleil. *Pierre:* l'émeraude. *Métal:* l'or jaune.

JULIEN   Fête: le 27 janvier

Étymologie: la même que Jules.

Jules s'est intellectualisé en Julien. Affadi ou épuré? Il transpose dans l'ordre du mental toute l'énergie vitale de son modèle. C'est la même soif de conquête, de puissance, de gloire parfois, mais dans un domaine qui exclut les armes, la force physique, la possession brutale.

Le résultat: un mélange d'audace, de calcul, voire de cruauté; le goût des choses abstraites et des passions froides. Enfant sage, mais introverti, amoureux silencieux mais exigeant, il mène sa vie comme sur un échiquier. Ce joueur solitaire, capable d'être le meilleur, n'attend pas d'autrui la reconnaissance de ses mérites. Il est son seul juge.

Chiffre: le 6. *Couleur:* le noir. *Pierre:* l'onyx blanc. *Métal:* le platine.

JUSTINE   Fête: le 12 mars

Étymologie: du latin *justinius*, dérivé de *justus*, juste.

Sa fantaisie la mène, une fantaisie parfois un peu sombre, comme si elle cherchait toujours un impossible équilibre. Entre le rêve et la raison, l'amour fou et l'amour sage, l'ambition et le renoncement, elle va d'un pas dansant, franchissant les obstacles avec plaisir. Elle émeut et désarme.

Son coeur, même infidèle, est tendre et bon. Avec ses enfants, c'est une mère chaleureuse, attentive et protectrice. Elle montre une grande attirance pour tous les enfants.

Dérivés: Just, Justin.

Chiffre: le 2. *Couleur:* le gris-vert. *Pierre:* le saphir foncé. *Métal:* le platine.

LAMBERT   Fête: le 17 septembre

Étymologie: du germanique *land*, pays, et *behrt*, brillant.

Il y a en lui quelque chose de fruste qui défie l'analyse et laisse la place à la magie, à la recherche de l'impossible, à une sorte de patiente marche à l'étoile. Les pieds solidement enfoncés dans la plèbe mais la tête levée vers le ciel, Lambert est peut-être un prénom de l'avenir.

Chiffre: le 11. *Couleur:* le gris acier. *Pierre:* le saphir. *Métal:* le platine.

LAURE   Fête: le 10 août

Étymologie: la même que Laurent.

Ce beau prénom poétique a quelque chose de mystérieux, la musique un peu rauque qu'il diffuse lui fait une aura de lumière. Laure est nimbée de grâce fragile, de gaieté délicate et de tendresse. Personnage fascinant, qui exige beaucoup de douceur et de pénétration psychologique pour être compris. L'amour lui est nécessaire. Lorsqu'elle l'a trouvé, elle ne trahit jamais.

Chiffre: le 8. *Couleur:* le vert jade. *Pierre:* la chrysoprase. *Métal:* l'or blanc.

LAURENCE

Étymologie: la même que Laurent.

Très proche de Laurent (voir), elle s'en distingue par une ambition plus affirmée. La volonté de parvenir à la réussite sociale et professionnelle lui donne une grande audace.

Confiance en soi, énergie, goût de l'affront sont ses meilleures armes. Parfois, un peu d'égoïsme tempère sa généreuse spontanéité. Plus calculatrice, moins simple que Laurent, elle possède comme lui un don inappréciable: le charme.

Chiffre: le 2. *Couleur:* les glauques. *Pierre:* le saphir étoilé. *Métal:* le platine.

LAURENT

Étymologie: du latin *laurus*, laurier.

La feuille de laurier récompensait autrefois le mérite et la grâce. Laurent a ces dons. Les dieux de la félicité, de la convivialité, de la gentillesse sont avec lui. Il aime plaire, aimer, rendre service. Il doit faire effort pour protéger sa vie privée qu'il partagerait bien volontiers avec tous ses amis. Sa vie professionnelle est tournée vers la communication. C'est un homme d'aujourd'hui, merveilleusement fait pour recevoir, traiter et transmettre l'information, en lui ajoutant le charme.

Dérivés: Laurence, Laurentin.

Chiffre: le 11. *Couleur:* le gris-vert. *Pierre:* le saphir foncé. *Métal:* le platine.

LÉA   Fête: le 22 mars

Étymologie: du latin *lea*, lionne.

Souvent fidèle aux traditions, elle a des attaches paysannes et la terre n'a pas de secrets pour elle. Elle est simple, directe et peu mystérieuse.

Chiffre: le 9. *Couleur:* l'orangé.

LÉON   Fête: le 10 novembre

Étymologie: du latin *leo*, lion.

Léon possède comme un trop-plein de qualités essentielles: courage, clairvoyance, rapidité de jugement et d'exécution. Merveilleusement adapté à la réussite sociale et fait pour le combat politique, les joutes oratoires, les plaidoieries brillantes, il est à lui seul un gage de victoire.

Il faut beaucoup d'assurance pour en assumer le poids. Le risque est grand qu'il n'amène une personnalité trop frêle à se recroqueviller, à s'aigrir ou à s'amputer elle-même.

Dérivés: Léo, Léonce, Léontine.

Dérivés: le 6. *Couleur:* le gris foncé. *Pierre:* le jais noir. *Métal:* le plomb.

LÉONARD   Fête: le 6 novembre

Étymologie: du latin *leo*, lion, et du germain *hard*, fort.

Toutes ses entreprises sont audacieuses. Il possède un dynamisme exceptionnel, de la volonté et du courage. Il a le sens de l'amitié virile.

Chiffre: le 6. *Couleur:* le vert.

LÉOPOLD   Fête: le 15 novembre

Étymologie: du germain *liut*, peuple et *hald*, courageux.

Tout dans le passé le fascine. Il vit à peine dans le présent et l'avenir l'intéresse peu. Il est fait pour les travaux de longue haleine: la lenteur et les difficultés ne le rebutent pas.

Dérivé: Léopoldine.

Chiffre: le 7. *Couleur:* le vert.

LILIANE

Étymologie: la même que Élizabeth.

Cet étrange diminutif d'Élisabeth n'a plus que de lointaines affinités avec elle. Il est tout en souplesse et sinuosités. On imagine Liliane comme une fille d'Ève habile à charmer les serpents dont elle partagerait le goût de l'intrigue. Mais elle a aussi une face cachée qui peut surprendre. C'est une séductrice insinuante qui possède de l'énergie à revendre.

Son obstination, son courage viennent à bout de tous les obstacles et elle obtient le plus souvent ce qu'elle veut. Ne vous fiez pas à ses câlineries enjôleuses: contrairement aux apparences, elle est la femme d'un seul homme et la famille — au sens le plus traditionnel — compte pour elle par-dessus tout.

Chiffre: le 9. *Couleur:* l'or pâle. *Pierre:* la turquoise. *Métal:* l'or jaune.

LIONEL

Étymologie: du latin *leo*, lion.

Écho amorti de Léon, il en conserve en mineur les qualités: courage et endurance surtout. Il y ajoute l'esprit de finesse, le charme, un brin de coquetterie et, surtout, une sorte de ductilité insinuante qui en fait l'homme des compromis.

Gai compagnon, mari facile à vivre, collègue amical, il ne faut pas trop s'y tromper: au fond, demeurent masqués de vieux instincts impérieux.

Chiffre: le 2. *Couleur:* le gris fer. *Pierre:* le saphir foncé. *Métal:* le platine.

LISE   Fête: le 10 août

Étymologie: la même que Élisabeth.

Elle partage avec Élisabeth (voir) bon nombre de traits de caractère. Elle y ajoute une application, un sérieux d'institutrice ou de chercheur scientifique qui font contrepoids à ce qu'ont d'autoritaire et d'inspiré la plupart des ses démarches. Car c'est une pragmatique qui ne croit que ce qu'elle voit et ne fait confiance qu'aux preuves expérimentales. D'où, dans le domaine des sentiments et de la morale, une très grande tolérance qui lui vaut beaucoup d'amis.

Chiffre: le 8. *Couleur:* le brun-rouge. *Pierre:* la sardoine. *Métal:* l'or blanc.

LOUIS   Fête: le 25 août

Étymologie: du haut germanique *hold*, glorieux, et *wig*, le combattant.

Prénom royal, mais mystérieux aussi. Des traditions ésotériques affirment que Louis entretient avec l'occulte des relations qui échappent à l'analyse. Il semble communiquer par des voies secrètes à un autre plan de la réalité et paraît capable d'en tirer profit pour créer, inventer... et surprendre. Cette source cachée d'inspiration le fait parfois accéder au génie. Mais, le plus souvent, il en use pour masquer sa nonchalance, voire sa paresse, sous la grâce de l'intuition, la souplesse de l'intelligence, le charme de la séduction.

Dérivés: Clovis, Loïc, Louison, Ludorie.

Chiffre: le 0. *Couleur:* le rouge sang. *Pierre:* le grenat. *Métal:* l'or blanc.

LOUISE   Fête: le 15 mars

Étymologie: la même que Louis.

Elle passe pour austère, scrupuleuse, un peu moralisatrice, même. Enfant sérieuse et appliquée, elle porte sur le monde qui l'entoure un regard critique. Rien n'échappe à sa vigilance, pas le moindre grain de poussière, le moindre défaut, le plus léger mensonge.

Cette exigence de perfection marque une certaine violence: ses propres passions l'effraient et elle les encadre comme elle peut. Elle voudrait refaire l'univers, réformer la société, apaiser les coeurs. Rien n'est jamais conforme à son idéal, mais elle ne renonce pas. Son sens de la justice, son amour des faibles et des déshérités en font une perpétuelle missionnaire.

C'est pour elle le moyen de supporter ses propres tensions, d'oublier ses brusques coups de coeur, d'occulter ses élans désordonnés. Plutôt que de trahir la très haute idée qu'elle se fait d'elle-même, elle préfère sacrifier ses plaisirs et se tourner tout entière vers les autres.

Dérivés: Éloïse, Méloïse, Louison, Louisette.

Chiffre: le 5. *Couleur:* le gris perle. *Pierre:* l'opale. *Métal:* l'argent.

LUC   Fête: le 13 décembre

Étymologie: du latin *lux,* lumière.

Luc irradie la paix, la douceur, la tendresse. Sa lumière est celle d'un beau jour à midi quant toute la nature s'ordonne et s'équilibre avec grâce. Enfant calme, aimant, enjoué, il grandit avec la simplicité des justes.

Tout ce qui ne comporte pas d'excès lui est facile. Tout ce qui n'exige pas d'efforts lui est naturel. Il possède d'instinct l'art de plaire, d'écouter, de consoler.

Il charme sans chercher à séduire. Ce fidèle, ce non-violent, ce coeur pur n'est pourtant pas simple. Sa mansuétude et son intelligence des choses de la vie ne vont pas sans de difficiles combats intérieurs.

Mais dans la vie privée ou professionnelle, il garde secrets ses doutes et ses inquiétudes. Rien ne doit altérer la confiance tranquille qu'il inspire aux siens ou à ceux qui l'approchent. Il apparaît toujours comme un gage de bonheur, de chance et d'invincible sérénité.

Dérivé: Lucas.

Chiffre: le 8. *Couleur:* le vert pré. *Pierre:* le jaspe vert. *Métal:* l'or vert.

LUCIE   Fête: le 13 décembre

Étymologie: la même que Lucien.

Elle brille, nuit et jour, d'une lumière mesurée, exacte et fidèle comme l'étoile du berger, et elle demeure invariable et secourable. Elle jette sur le monde un regard émerveillé. Sa soif de connaissances fait que rien ne la rebute, ne l'effraie ou la décourage.

Elle est, d'instinct, l'amie de tout ce qui vit, de tout ce qui souffre. C'est une amitié vraie, chaleureuse, optimiste qui indique à tous et à toutes des chemins insoupçonnés vers le bonheur.

Messagère d'un au-delà lumineux, Lucie semble née pour affronter les temps opaques que nous vivons et leur apporter de nouvelles raisons d'espérer.

Dérivés: Lucile, Luce, Lucienne.

Chiffre: le 8. *Couleur:* le jaune verdâtre. *Pierre:* la cornaline; *Métal:* l'or blanc.

LUCIEN   Fête: le 7 janvier

Étymologie: du latin *lux*, lumière et aussi *lucianus*, nom d'une grande famille romaine.

Lucien ressemble à Luc comme un faux jumeau. Il en possède presque toutes les qualités, mais chez lui elles ne sont ni instinctives ni gratuites. Sa tendresse ne va pas sans calcul, sa douceur sans effort, sa grâce sans artifice. C'est un roué, habile à séduire, un ambitieux avide de réussite sociale, un artiste attiré par la gloire. Bref, un pacifique épris de conquêtes.

L'âme et le coeur doubles engendrent une intelligence déliée qui sait analyser les situations les plus complexes et en tirer profit. Mais cet éternel adolescent a du charme, une sérénité insidieuse, un calme souriant, une grâce facile et ingénieuse.

Fait pour vivre en société, ouvert et bienveillant à chacun, il a tant de qualités qu'on oublie le petit démon égoïste qui perce parfois sous le masque.

Chiffre: le 2. *Couleur:* le gris bleuté. *Pierre:* le saphir clair. *Métal:* le platine.

MADELEINE

Fête: le 25 mai
ou le 22 juillet

Étymologie: de l'araméen *Magdala*, nom d'un village de Palestine.

C'est le portrait de la femme traditionnelle soumise à l'homme et fermement cantonnée dans son rôle de maîtresse de maison, de mère de famille… et de repos du guerrier.

Pour équilibrer cette vocation, Madeleine dispose de dons bien rares: une énergie, un amour de la vie, un optimisme qui la met d'instinct en communication avec l'irrationnel, le monde qui est derrière le monde. Elle voit, elle ressent des réalités que la plupart ignorent. Et elle est très habile à les traduire. D'où, sans doute, le pouvoir mystérieux et inexplicable qu'elle possède sur tous ceux qui l'approchent.

Dérivés: Maddy, Magda, Mado.

Chiffre: le 12. *Couleur:* le bleu de mer. *Pierre:* l'émeraude. *Métal:* l'or blanc.

MARC   Fête: le 25 avril

Étymologie: du grec *martikos*, consacré au dieu Mars.

Il a le goût de l'action concrète et du danger, fut-il sentimental ou intellectuel. Le risque lui est aussi naturel qu'à d'autres le confort; il en a besoin pour sentir qu'il existe. D'où bien des malentendus avec cet infidèle sans scrupules, ce voyageur pressé dont les vagabondages semblent dépourvus de sens, cet amateur d'émotions fortes et de choses précieuses qui n'a pas la moindre notion de propriété et ne conserve jamais rien de ce qu'il a acquis.

Indifférent au succès, à la réussite, à la gloire, il est disciple plutôt que maître; mais un disciple fugueur qui n'en fait qu'à sa tête. Son intelligence le sauve, une intelligence insinuante, subtile, dont il use avec clairvoyance. Mais aussi sa gentillesse, son égalité d'humeur, et le don de la tendresse.

Dérivés: Marceau, Marcien, Marcile.

Chiffre: le 8. *Couleur:* le vert jade; *Pierre:* la citrine. *Métal:* l'or blanc.

MARCEL   Fête: le 16 janvier

Étymologie: la même que Marc.

Ce double de Marc induit souvent une grande anxiété, fruit d'une hyperlucidité. Ce prénom est souvent porté par des intellectuels.

Marcel est un intuitif, à la sensibilité exacerbée, qui se meut plus facilement dans le monde des idées que dans celui des faits et de l'action. Sa vie sentimentale est pleine de passions souvent contradictoires. Il porte aux siens, à ses parents, ses amis, ses maîtresses, un attachement sans faille.

Dérivé: Marcelin.

Chiffre: le 11. *Couleur:* le gris argenté. *Pierre:* le lapis-lazuli. *Métal:* le platine.

MARCELLE   Fête: le 31 janvier

Étymologie: la même que Marc.

Elle se distingue de Marcel par l'attention extrême qu'elle porte à autrui. Cette extravertie volubile n'est pas de celles qui font les grands chefs d'entreprises ou les aventurières, mais avec énergie, confiance et optimisme, elle est toujours prête à aider, consoler, secourir ceux qui ont besoin d'elle.

Dérivé: Marceline.

Chiffre: le 7. *Couleur:* le violet. *Pierre:* l'émeraude. *Métal:* l'étain.

MARGUERITE   Fête: le 16 novembre

Étymologie: du persan *margiritis*, la perle.

C'est un prénom vraiment précieux qui place celles qu'il désigne sous l'invocation de l'essentiel. C'est effectivement «la perle». Elle porte au plus haut degré tout ce qui la distingue. C'est qu'elle est avant tout signe d'intensité: forte ou faible, généreuse ou égoïste, sombre ou rieuse, elle est comme un four d'alchimiste, destinée à affiner sans cesse plus subtilement les traits individuels qui lui sont confiés.

Ce don d'amplification, d'approfondissement, d'exagération parfois, explique bien des destinées orageuses: la passion, l'intelligence, la volonté chauffées à blanc peuvent devenir de redoutables démons. L'outrance conduit les actions les plus banales vers l'inconnu.

Marguerite va toujours au plus loin d'elle-même.

Dérivés: Daisy, Magali, Maggy, Maguelonne, Margot, Marjorie, Peggy, Rita.

Chiffre: le 8. *Couleur:* le vert jaunâtre. *Pierre:* le béryl vert. *Métal:* l'or vert.

MARIANNE   Fête: le 9 juillet

Étymologie: de l'hébreu *Mariamne*, nom de l'épouse du roi juif Hérode le Grand.

Elle voudrait tout et son contraire. Bohémienne au grand coeur, éprise d'horizons nouveaux et de nouvelles amours, elle donnerait par instants tous ses vagabondages pour la paix médiocre et monotone d'un petit village, une vie feutrée, un bonheur banalement familial. Son intelligence pratique lui permet d'affronter toutes les situations; sa franchise, sa joie de vivre, ses grandes connaissances lui valent d'être partout fêtée et courtisée. Mais il n'est pas facile de fixer cette instable qui trouve souvent la réalité décevante en regard des rêves.

Chiffre: le 6. *Couleur:* le gris fer. *Pierre:* le diamant noir. *Métal:* le plomb.

MARIE

Fête: le 15 août

Étymologie: de l'hébreu *mar*, goutte d'eau, et *yam,* mer. Ou bien de l'hébreu *myriam*, la voyante.

Dans tous les pays de tradition chrétienne, c'est le prénom phare.

Il est souvent composé et c'est le seul prénom féminin qui entre dans la composition d'un nom de garçon (Jean-Marie, etc.).

Ce qu'il y a de curieux, c'est que, malgré son utilisation si importante, les siècles ne l'ont pas usé, ce prénom, et qu'il a gardé sa densité et sa forme énigmatique. Marie est quelque chose comme le plus petit commun dénominateur entre toutes les femmes.

Aussi, il peut y avoir des Marie de toutes sortes, enthousiastes ou revêches, fortes ou faibles, intelligentes ou bornées. Mais quelque chose demeure inaltérable: une flamme, une espérance, une promesse qui transcende la réalité et jette un pont vers l'avenir. Marie n'est jamais neutre. Parfois discrète, parfois provocante, il y a aussi en elle une violence naturelle, sauvage et fragile à la fois, qui est la violence même de la vie.

Dérivés: Magali, Manon, Marielle, Mariette, Marinette, Marion, Maryse, Miriam, Myriam.

Chiffre: le 11. *Couleur:* le gris-bleu. *Pierre:* le quartz rosé. *Métal:* le platine.

MARTIN   Fête: le 11 novembre

Étymologie: du latin *martinus*, diminutif du
                    dieu Mars.

Martin est doux et pacifique, sensible, intuitif, un peu rêveur. Il y a de l'écologiste en lui, ou du moine.

Enfant docile en apparence, mais à l'esprit indépendant, il sera, adulte, un père conscient de ses devoirs, bon époux à l'ancienne mode. Son intelligence très subtile peut l'attirer vers le mysticisme, voire l'occultisme.

Peu sensible au clinquant du succès, il place très haut ses ambitions; si haut qu'elles demeurent bien souvent secrètes. Mais précisément, il ne déteste pas le secret.

Chiffre: le 6. *Couleur:* le jaune or. *Pierre:* l'onyx blanc. *Métal:* le plomb.

MARTINE   Fête: le 30 janvier

Étymologie: la même que Martin.

Elle est bien la soeur de Martin (voir). Sensible et secrète, intuitive et désintéressée, elle aussi préfère l'obscurité paisible de la vie familiale aux combats publics de la vie professionnelle. Son intelligence a quelque chose d'irrationnel: elle surprend par une originalité qui va parfois jusqu'à la bizarrerie. Elle aime le monde des fables et des contes, mais n'est pas une rêveuse. Mère attentive, épouse fidèle, c'est une excellente maîtresse de maison. Son exigence de perfection explique les méandres de sa vie sentimentale. Elle a du ressort et de l'optimisme et sait que le bonheur profond qu'elle recherche lui est mystérieusement promis.

Chiffre: le 9. *Couleur:* le jaune or. *Pierre:* le diamant. *Métal:* l'or jaune.

MATHILDE   Fête: le 14 mars

Étymologie: du haut germanique *maht*, la puissance, et *kild*, la guerre, c'est-à-dire: celle qui devient forte par le combat.

Ce n'est pas quelqu'un de commode et, pour cette raison, elle ne laisse personne indifférent. Elle manifeste très tôt sa volonté d'indépendance: c'est une enfant sage et aimante mais qui veut qu'on lui laisse mener sa barque comme elle l'entend. Sans cris, sans colère, sans désordre, elle y parvient à sa manière, avec une fermeté douce qui ne souffre pas d'appel.

Adulte, cette «main de fer dans un gant de velours» lui vaut autant d'ennemis que d'amis. Les premiers sont ceux qui ont à souffrir de son autorité et de son ambition. Les seconds trouvent auprès d'elle un appui total, un point fixe.

Elle a, aussi, le sens du clan: tout pour les siens, rien pour les autres. Elle porte la conception de la fidélité à un degré presque mystique. Sa séduction est très vive et elle sait en user habilement.

Dérivés: Mahaut, Mahaud, Tilde, Maud.

Chiffre: le 0. *Couleur:* le rouge. *Pierre:* le grenat. *Métal:* le fer.

MATHIEU   Fête: le 21 septembre

Étymologie: de l'hébreu *matith*, cadeau et *Yah*, Yahvé, Dieu.

C'est un bon garçon, solide, vif, tenace. Des qualités d'homme, sans une fêlure, sans une arrière-pensée. Il s'engage, se dévoue, tient parole. Modeste mais sûr de lui, généreux mais habile à compter, c'est un ami toujours prêt à rendre service, un mari fidèle, un collaborateur efficace. Le sport lui convient bien, surtout le sport d'équipe. Il n'est pas dépourvu de dons intellectuels mais il croit à la devise *mens sana in corpore sano*. Sa première vertu: l'équilibre.

Dérivé: Matthias.

Chiffre: le 9. *Couleur:* le jaune doré. *Pierre:* l'émeraude. *Métal:* l'or jaune.

MAURICE   Fête: le 22 septembre

Étymologie: du latin *maurus*, le maure.

C'est un intuitif, un nerveux qui n'est à l'aise que dans la subtilité, l'analyse, les jeux de miroirs. Tout se joue, pour lui, au-dedans de lui-même. Ses grandes passions sont des orages intérieurs dont il ne laisse percevoir qu'une écume. Follement doué pour les choses de l'esprit, pour la complexité des sentiments, possédant d'instinct le sens du beau, habile à séduire, c'est pourtant à lui-même qu'il préfère porter des défis.

Ses véritables ambitions demeurent secrètes. C'est pour sa propre satisfaction qu'il se mesure avec l'impossible. S'il parvient au succès, voire à la gloire, ce ne sont pas à ses yeux de véritables récompenses. Son génie de l'ambiguïté s'est fixé d'autres objectifs, ignorés de tous. Il n'est pas facile à vivre; mais il fait naître autour de lui d'incessantes vagues de passion, des amitiés fidèles, parfois des cohortes de disciples. Il possède un extraordinaire ascendant.

Dérivés: Maur, Maurin.

Chiffre: le 8. *Couleur:* le vert jade. *Pierre:* le jaspe vert. *Métal:* l'or blanc.

MAXIME   Fête: le 13 août

Étymologie: du latin *maximus*, le plus grand.

C'est un homme pressé qui aime aller droit au but et ne s'embarrasse pas de précautions pour y parvenir. Il est exigeant, travailleur, scrupuleux, déteste les faux-semblants, la tricherie et les atermoiements. Il pense juste et agit en conséquence.

Il y a un peu d'orgueil dans son attitude et il lui faut faire effort pour s'intéresser à autrui, mais il le fait. C'est qu'il a une conscience exigeante de ses devoirs. À l'aise dans toutes les circonstances, on lui reproche pourtant sa froideur, sa condescendance.

C'est vrai qu'il a tendance à agir comme un souverain, mais il compense cette majesté naturelle par tant de qualités solides qu'on ne peut bien longtemps lui en tenir rigueur.

Dérivés: Max, Maximilien.

Chiffre: le 6. *Couleur:* le noir. *Pierre:* l'agate.
Métal: le platine.

MÉLANIE   Fête: le 31 décembre

Étymologie: du grec *melanos*, noir.

Un ouragan, un volcan? Plutôt, elle fait penser à un elfe protecteur, sans cesse en mouvement, tendre, joyeux. Mélanie a quelque chose
d'une fée.

Imprévisible, ne craignant aucun danger, prête
à toutes les aventures, son intelligence vive
comme l'éclair la préserve des accidents que
pourrait provoquer son audace. Bien sûr, elle est
infidèle. Mais qui pourrait le lui reprocher? Elle
a tant de grâce.

Chiffre: le 11. *Couleur:* le gris sombre. *Pierre:*
le lapis-lazuli. *Métal:* le platine.

MICHEL   Fête: le 29 septembre

Étymologie: de l'hébreu *Mi Kha El*, qui donc
est comme Dieu?

C'est le plus universel des prénoms de notre
civilisation judéo-chrétienne, doté d'une disper-
sion sans exemple.

Tout peut passer à travers un Michel: le meilleur et le pire; il sait tout faire. L'étonnant est qu'à travers tant d'avatars, il lui reste quelque chose de ses anciens pouvoirs. Quelque chose de sacré qui lui permet de demeurer lui-même quoi qu'il arrive: lucide, prompt, fougueux, porteur d'un potentiel sans limites. Malgré les circonstances, la nature, l'histoire, il demeure capable de tout.

Les traditions en font un gage de longévité, de robustesse, de courage. Dans ce prénom, on peut voir qu'un homme n'est pas le plus ingénieux des animaux de la planète, mais autre chose. Autre chose d'incommensurable.

Dérivé: Michou.

Chiffre: le 3. *Couleur:* le brun roux. *Pierre:* la sardoine. *Métal:* le fer.

MICHÈLE   Fête: le 29 septembre

Étymologie: la même que Michel.

Les Michèle gardent de l'équivoque né de la féminisation de Michel une sorte de trouble et d'inquiétude qui les incline à la rêverie et font de leur vie sentimentale, familiale, professionnelle une perpétuelle valse hésitation. Michèle ressent les choses de façon intuitive et irrationnelle et, parfois, elle est comme coupée de la réalité, qu'elle ne parvient pas bien à intégrer dans la trame du quotidien.

Cela amène des conflits avec l'entourage, des risques pour son bonheur et son équilibre. Pourtant les qualités des Michèle sont si éminentes, leur énergie si vive qu'elles finissent par triompher de ces obstacles, et bien souvent à tirer profit de ces accidents.

Dérivés: Michelle, Micheline.

Chiffre: le 9. *Couleur:* le violacé. *Pierre:* l'améthyste. *Métal:* l'or jaune.

MIREILLE   Fête: le 15 août

Étymologie: du provençal *mireis*, issu du latin *miraculis*, admirable.

Elle apporte avec elle une musique de cigale. Elle est toute poésie romanesque et songes de nuits d'été. Elle rit en cascade comme pour saluer le bonheur de vivre, la paix des coeurs et la joie de amours sans cesse renaissantes.

Chiffre: le 2. *Couleur:* le gris souris. *Pierre:* le saphir étoilé. *Métal:* le platine.

MONIQUE   Fête: le 27 août

Étymologie: du grec *monos*, unique.

C'est une femme active, exacte, méthodique, qui a quelque chose de tranchant qui provoque le respect. Un respect un peu craintif, car on sait qu'elle manie aussi bien l'ironie que l'humour et qu'elle n'hésite pas à rendre coup pour coup.

Son intelligence incisive, son goût de l'effort, son dynamisme inépuisable sont de rudes armes: elle en use pour assurer d'abord sa domination sur sa propre famille. Mère exigeante, elle veut mener sa maisonnée à la baguette, y faire régner l'ordre et la paix, permettre à chacun de s'y épanouir dans une discipline partagée.

Elle a peu de faiblesses. L'amour est, à ses yeux, sujet de la volonté. Et le bonheur se conquiert par mérite.

Chiffre: le 4. *Couleur:* le vert émeraude. *Pierre:* le béryl vert. *Métal:* l'or rose.

MURIEL
Fête: le 15 août

Étymologie: la même que Marie.

Forme normande de Marie, Muriel s'en distingue par une réserve pudique qui parfois la fait passer pour distante et hautaine. Sa timidité renforce cette erreur. Cette femme secrète, qui n'accorde pas facilement sa confiance est bonne et généreuse.

Elle a des qualités solides qui lui permettent une vie professionnelle brillante. Très scrupuleuse, elle se donne à fond à tout ce qu'elle entreprend. Prudente et réfléchie, elle ne change pas aisément d'avis.

Dérivé: Murielle.

Chiffre: le 7. *Couleur:* le violet. *Pierre:* la turquoise. *Métal:* l'étain.

NADÈGE   Fête: le 18 septembre

Étymologie: du russe *nadesjda*, l'espérance.

C'est une flamme inextinguible d'espérance au travers de laquelle on voit briller, comme des paillettes d'énergie vivante, courage, générosité et fidélité. C'est un feu chaleureux qui habite Nadège, réchauffe les coeurs, console les angoisses, rassure les faibles. Aussi, elle est toujours le centre d'une petite armée d'amis. À l'aise dans les circonstances les plus difficiles ou les plus imprévues, rien ne peut entamer son âme droite et pure.

Dérivés: Nadejda, Nadia, Nadine, Nasjda.

Chiffre: le 5. *Couleur:* le jaune doré. *Pierre:* le diamant. *Métal:* l'or jaune.

NATHALIE   Fête: le 1er décembre

Étymologie: du latin *natalis* (sous-entendu
dies), le jour de naissance.

Nathalie est un prénom porte-bonheur, tout
entier d'équilibre, de mesure, de force. Certes,
son ciel n'est pas serein: il appelle tempêtes et
conflits, passions et chagrins, mais elle le tra-
verse sans perdre courage. Elle garde dans
l'épreuve la sagesse un peu mystérieuse qu'elle
a reçue en partage, comme si elle avait la certi-
tude que, passés les détours du chemin, la joie
serait au rendez-vous.

L'amour est son sésame: le reste lui importe
peu. Son intelligence, avide de connaissances,
ses compétences, son entrain ne sont jamais
l'essentiel. Elle peut briller, faire une grande carrière, parvenir aux honneurs, voire à la gloire,
rien de tout cela n'est pour elle le but ultime.
Tout son élan la porte vers son monde à elle que
lui indique son coeur.

Dérivé: Natacha.

Chiffre: le 9. *Couleur:* le jaune or. *Pierre:* le
diamant. *Métal:* l'or jaune.

NICOLAS

Étymologie: du grec *nikê*, la victoire, et *laos*, le peuple.

Tous les dieux le protègent: c'est un prénom qui porte chance. Nicolas est volontaire jusqu'à l'entêtement, peu soucieux de l'opinion d'autrui, il n'est pas sûr que la réussite professionnelle l'attire. Il se sent bien armé pour vivre à sa guise. L'originalité ne l'effraie pas.

Esprit rationnel et intelligence méthodique, aucun domaine ne lui est fermé. Éloquent, subtil, habile à démêler les problèmes les plus complexes, il est aussi à l'aise dans les sciences abstraites ou la métaphysique que dans le jeu de la politique ou des affaires. Mais Nicolas écoute parfois une voix ironique qui lui murmure «à quoi bon?».

Dérivés: Colas, Colin.

Chiffre: le 11. *Couleur:* les glauques. *Pierre:* le lapis-lazuli. *Métal:* le platine.

NICOLE

Fête: le 6 décembre

Étymologie: la même que Nicolas.

Elle prend la vie au sérieux et fait passer les plaisirs après le devoir. Elle est sage, ordonnée, docile, lorsqu'elle est enfant; et aime ses parents, ses livres: elle attire l'amitié et la tendresse. Elle sait aussi être insouciante et gaie.

De cette enfant un peu trop parfaite jaillit un jour un être nouveau, une femme sûre d'elle-même, à l'esprit net et tranchant, au sang vif. L'effort ne lui fait pas peur, elle a de l'énergie à revendre. Son sens de l'humour, sa gaieté la préservent du dogmatisme. Son sens de la diplomatie masque son caractère dominateur. Et sa droiture lui vaut toutes les fidélités.

Dérivé: Colette.

Chiffre: le 4. *Couleur:* le bleu ciel. *Pierre:* l'ambre. *Métal:* l'or rose.

NOËL   Fête: le 25 décembre

Étymologie: du latin *natalis*, jour de naissance.

Il est pareil à l'espoir, son sourire est un gage de paix, de bonheur, de sagesse. Ennemi de l'ambition, il met grand soin à veiller sur ceux qui l'entourent. Sa sérénité est irradiante. Ses armes: la tendresse, la constance, l'indulgence.

Chiffre: le 6. *Couleur:* le gris bleuté. *Pierre:* l'onyx noir. *Métal:* le plomb.

ODETTE   Fête: le 20 avril

Étymologie: la même que Odile.

Elle se distingue d'Odile par un meilleur équilibre nerveux et une plus grande capacité d'adaptation. Pragmatique et terriblement lucide, elle peut être une excellente femme d'affaires et mener de pair une vie familiale et une vie professionnelle. C'est une réaliste qui aime l'argent et le confort qu'il donne. Aussi exigeante en amitié qu'en amour, elle ne pardonne pas l'infidélité.

Chiffre: le 6. *Couleur:* le rose tendre. *Pierre:* le diamant. *Métal:* l'or rose.

ODILE   Fête: le 14 décembre

Étymologie: du haut germanique *odo*, le patrimoine, la fortune.

Elle est placée sous le signe de l'émotion. C'est une intuitive qui réagit plus avec ses sens qu'avec ses facultés intellectuelles. Toute d'instinct, elle est souvent victime de ses antipathies ou sympathies qui sont fortes et irraisonnées. Elle paraît sensible à des parfums, des sons, des couleurs qui nous échappent. Elle devine les êtres plutôt qu'elle ne les comprend, ce qui explique sa vie professionnelle en dents de scie, ses amours tumultueuses, ses relations difficiles avec ses parents, sa famille, ses amis. Pourtant, quel foyer de vibrations et de sensations lorsqu'elle est en phase.

Chiffre: le 6. *Couleur:* le bleu-violet. *Pierre:* l'aigue-marine. *Métal:* l'or blanc.

OLGA

Fête: le 11 juillet

Étymologie: du scandinave *holg*, le bonheur, la chance.

«L'âme slave» est partie intégrante d'Olga, avec tout ce que cela peut comporter d'excès, de turbulence et de fougue; de nostalgie d'un monde meilleur aussi, une sorte d'âge d'or, où les coeurs étaient transparents et d'où la loi morale, les tabous et les classes sociales étaient absentes. Olga est capable de beaucoup de choses. Sa témérité ne connaît pas de limites. Emportée par sa fougue, son besoin d'absolu, le rêve de son idéal réalisé, elle peut aller jusqu'à la révolte révolutionnaire. Ou bien à faire le bonheur d'un seul homme et lui consacrer les trésors de son imagination et de sa ferveur.

Dérivé: Helga.

Chiffre: le 9. *Couleur:* le jaune clair. *Pierre:* la topaze (jamais la brûlée). *Métal:* l'or jaune.

OLIVIER

Fête: le 12 juillet

Étymologie: du latin *oliva*, l'olive.

Présage de paix, comme le bel arbre dont il porte le nom, c'est un intuitif qui repousse les recours de la logique et du raisonnement pour ne se fier qu'à ce qu'il ressent. Enfant ou adulte, il se laisse porter par ses sympathies ou ses antipathies intuitives. Têtu, hardi, dans ses choix comme dans ses ambitions, s'il se montre faible parfois, c'est par sensualité.

Amateur de jolies filles, mais peu soucieux de fidélité, il doit faire un effort pour ne pas succomber aux tentations. Mais sa douceur, son élégance innée, sa séduction l'aident à se tirer des mauvais pas. C'est un chanceux.

Dérivé: Ollier.

Chiffre: le 4. *Couleur:* le bleu violacé. *Pierre:* le béryl vert. *Métal:* l'or pâle.

OSCAR

Fête: le 13 février

Étymologie: du haut germanique *os*, la divinité, et *gari*, la lance du guerrier.

C'est l'homme de la volonté poussée jusqu'à l'entêtement. Une fois lancé, rien ne l'arrête. Son énergie peut sommeiller longtemps, sous le masque de la paresse ou de la frivolité, car c'est un voluptueux sensible aux caresses, goûtant la joie de vivre.

Mais réveillé par un grand dessein, une passion, finie la comédie: même s'il a tort, il fonce avec une sombre ardeur.

Chiffre: le 8. *Couleur:* le jaune orangé. *Pierre:* la chrysoprase. *Métal:* l'or blanc.

PAMELA   Fête: le 16 février

Étymologie: du grec *pan*, tout, et *melos*, le miel.

Elle a une gaieté robuste, un optimisme à l'épreuve des pires difficultés, le sens de l'humour. Sa nature l'incline à la vie simple, voire campagnarde. Elle a le culte de l'amitié. Son coeur fidèle se donne une fois pour toutes.

Son esprit malicieux sait bien mesurer la relativité des choses et des événements. Et sa générosité lui vaut l'affection de ceux qui l'entourent.

Chiffre: le 4. *Couleur:* le brun de terre. *Pierre:* l'agate brune. *Métal:* l'or rose.

PASCAL   Fête: le 17 mai

Étymologie: du latin *pasqualis*, qui se rapporte à la fête de Pâques.

Des forêts de symboles ornent ce prénom: Pâques chrétiennes et *pesakh* juive. Cela l'incline à la méditation, au recueillement, et explique sans doute la part qu'il fait à l'intuition, aux rythmes du temps et de l'espace, à la rêverie imprimée.

Pas de mélancolie en lui: il est vif, enjoué, serviable et sait écouter. Facile à vivre, fidèle en amour et en amitié, appliqué à bien faire. De temps en temps, une part de lui n'est pas tout à fait là; il reprend vite pied enrichi, ensoleillé, lumineux.

Dérivé: Pascalin.

Chiffre: le 8. *Couleur:* le vert pré. *Pierre:* le béryl. *Métal:* l'or vert.

PATRICE/PATRICK Fête: le 17 mars

Étymologie: du latin *patricius*, noble, qui appartient à l'élite.

Il a la fougue d'un joueur de rugby, l'éloquence d'un prédicateur, les impulsions imprévisibles d'un mauvais garçon au grand coeur. C'est ainsi que ses amis le connaissent. C'est un ami indéfectible, un mari et un père à la générosité sans limites. Mais il y a aussi un Patrick secret, plein d'élans confus, de colères surmontées, d'ambitions vagabondes. Quand il se dévoile, quelles tempêtes, sublimes et romantiques, mais aussi épuisantes, interminables à vivre. Elles s'apaisent, brusquement, illuminées d'un sourire.

Patrice a plus de raffinement et de subtilité, mais moins de fougue, plus de réflexion, moins de passions. La charge est répartie de façon différente.

Chiffre: le 11. *Couleur:* le gris fer. *Pierre:* le saphir étoilé. *Métal:* le platine.

PAUL   Fête: le 29 juin

Étymologie: du latin *paulus*, petit, faible.

Paul c'est le petit qui triomphe des forts. Par la densité de son génie, par la vivacité de son intuition, par la galvanisation de son énergie.

Il est léger, fluide, passe-partout. Il ne s'impose pas, il s'insinue. C'est un enfant tendre, gracieux, souple, assoiffé de tendres effusions. Il chante quand il est malheureux, sourit s'il souffre.

Discret, ductile, docile, il aime apprendre, écouter, prendre en compte. C'est un diplomate né. Mais quelle rigueur de pensée! C'est l'homme d'une seule idée, d'un seul amour. Sa parole donnée ne se reprend pas.

Il attire les succès. Il y a de l'idéologue en lui et du théoricien. Mais son énergie est au service d'une cause.

Dérivés: Paule, Pauline, Paulette.

Chiffre: le 4. *Couleur:* le bleu marine. *Pierre:* le béryl vert foncé. *Métal:* l'or vert.

PHILIPPE   Fête: le 3 mai

Étymologie: du grec *philos*, ami, et *hippos*, cheval.

Il possède un rayonnement incomparable, une sorte de fierté conquérante. Ces dons sont souvent: clarté de la réflexion, rapidité de la décision, fermeté de l'exécution.

Viril, autoritaire, pourvu d'une mémoire exacte et d'une grande intelligence, il va parfois poser à l'homme supérieur. Il a une très haute conscience de ses devoirs et de ses droits et le souci d'aller toujours directement à l'essentiel. Il lui manque un brin d'humour, l'indulgence envers ses semblables. Il prend la vie trop au sérieux, sans recul, sans fantaisie. Confronté à l'adversité, il ne sait pas plier. Il est souvent l'homme d'une seule femme. En amitié, il exige de ses amis la même droiture, la même fidélité que celles qu'il est prêt à leur donner. Il y a en lui un homme de marbre.

Chiffre: le 4. *Couleur:* le bleu-vert. *Pierre:* le diamant. *Métal:* l'or clair.

PIERRE   Fête: le 29 juin

Étymologie: du grec *petros*, rocher.

Ce n'est pas le roc pétrifié mais plutôt la lave en fusion hésitant à se choisir une forme. Il reste toujours en lui ce rêve d'être un autre, ailleurs.

C'est un enfant puis un homme de tensions brusques, d'élans réfrénés, de sautes d'humeur. Comme il est foncièrement bon, il cherche à ne blesser personne par ses volte-face, n'y parvient pas toujours et prend soin de prévenir, consoler, se faire pardonner. Jamais figé, il sait être doux, redevenir souriant après avoir été revêche. Rien n'est jamais joué définitivement. Il a pour ceux qu'il aime des attentions délicates, des gestes qui viennent du coeur.

Après ses tempêtes et ses fureurs, il finit par se dompter lui-même. Avec lui, l'arc-en-ciel n'est jamais loin de la foudre.

Dérivés: Perrin, Pierrot et Pierrette.

Chiffre: le 7. *Couleur:* le vert émeraude. *Pierre:* l'améthyste. *Métal:* l'or blanc.

RACHEL

Fête: le 15 janvier

Étymologie: de l'hébreu *rahel*, la brebis.

On ne conçoit pas Rachel sans beauté. Haute, parfois hautaine, souple, harmonieuse, elle tient à son apparence et s'entend à la préserver et à la mettre en valeur. C'est une sportive qui aime exercer son corps.

Son ambition, la conscience qu'elle a de sa valeur, l'amour de la compétition peuvent en faire une championne. Cette extravertie, fière de ses atouts, est de celles qui partout font tourner les têtes et naître l'admiration.

Chiffre: le 7. *Couleur:* le violet. *Pierre:* la turquoise. *Métal:* l'étain.

RAOUL

Fête: le 21 juin

Étymologie: du haut germanique *rad*, conseil, et *wolf*, loup.

C'est un inquiet, l'esprit vagabond, le coeur tiraillé de désirs contradictoires. Champion des causes difficiles, chevalier épris de princesses lointaines, toujours en quête de l'inaccessible, il attire de nombreux disciples.

Ce chef hostile à toute discipline possède le don de se faire des amis «à la vie, à la mort». Même adulte, il conserve quelque chose de la pureté de l'enfance, une singulière faculté d'émerveillement.

Dérivés: Ralph, Ralf, Raoulin.

Chiffre: le 4. *Couleur:* le bleu clair. *Pierre:* le lapis-lazuli. *Métal: l'or pâle.*

RAPHAËL   Fête: le 29 septembre

Étymologie: de l'hébreu *rapha*, guérir, et *El*, Yahvé, Dieu; c'est-à-dire: Dieu seul guérit.

Raphaël est fluide comme l'eau et, comme elle, il est généreux, fécond, instinctif.

Il porte bonheur à tous ceux qu'il aime, parce qu'il possède au plus haut le sens et le goût profond de la générosité.

Chiffre: le 2. *Couleur:* le gris-bleu. *Pierre:* le saphir foncé. *Métal:* le platine.

RAYMOND   Fête: le 7 janvier

Étymologie: du haut germanique *ragin*, conseil, et *mundo*, protection.

Résolu, méthodique, sûr de lui, il paraît invulnérable. N'a-t-il pas, contre vents et marées, toujours raison? Prodigieusement armé pour réussir, protégé par une bonne dose d'égoïsme, il va son chemin, sans hâte excessive, sans repentirs inutiles. Il sait qu'il possède un jugement droit, une grande sûreté d'analyse, des nerfs à toute épreuve. Il a parfois un trop grand respect de ses propres capacités.

Enfant précoce, adulte tôt parvenu à la sagesse, il n'a d'amis que parmi son clan. Mais pour eux, quel dévouement, quelle constance! Ce roc n'a qu'un défaut: il est un roc.

Dérivé: Ray.

Chiffre: le 6. *Couleur:* le gris fer. *Pierre:* le diamant noir. *Métal:* le plomb.

RÉGINE   Fête: le 7 septembre

Étymologie: du latin *regina*, reine.

Régine est une reine, mais une reine de fête, pour rire ou sourire, travestie pour un soir de gala. L'humour, la fantaisie, la poésie sont ses armes.

Elle aime vivre dans l'imaginaire: le monde est pour elle un décor de théâtre. Elle y triomphe, bien sûr, consciente qu'il s'agit d'un succès de carton-pâte et d'amours de sucre d'orge.

Peut-être au fond d'elle-même pense-t-elle à l'absolu. Avec le courage de son scepticisme, elle reprend élan et le rideau se relève. L'adversité ne l'atteint pas pour elle-même, mais elle est prodigieusement sensible aux bonheurs et aux malheurs de ses amis. C'est là sa faille secrète, la clé de son coeur généreux.

Chiffre: le 0. *Couleur:* le rouge sang. *Pierre:* le grenat. *Métal:* le fer.

RÉGIS
Fête: le 16 juin

Étymologie: du latin *regere*, gouverner.

Le soin qu'il apporte aux détails l'empêche d'être l'homme des grands espaces, des vastes synthèses, des folles passions. Mais il témoigne d'une grande bonté.

Enfant aimant et fidèle, attaché aux siens, il deviendra un adulte sage, mesuré, respectueux des formes et des usages. Bref, un homme probe.

Dérivé: Gino.

Chiffre: le 3. *Couleur:* le rouge. *Pierre:* l'améthyste. *Métal:* l'or jaune.

RÉMI OU RÉMY   Fête: le 15 janvier

Étymologie: du latin *remigius,* le rameur, ou *remidius*, le porte-remède.

En lui se rencontrent le goût de l'aventure, de l'ordre, le besoin de fidélité et celui de la découverte, le culte de la raison et celui de la poésie. Résultat: une sorte de volcan jamais éteint. Il a un air d'éternel adolescent, mi-triste, mi-rieur qui fait son charme et explique ses succès auprès des femmes.

Chiffre: le 8. *Couleur:* l'orangé. *Pierre:* le péridot. *Métal:* l'or blanc.

RENÉ   Fête: le 19 octobre

Étymologie: du latin *renatus*, né une nouvelle fois.

Ce prénom mystérieux évoque une seconde naissance (re-né), comme une résurrection dans un monde plus serein et plus beau.

René est à la fois sensuel et mystique, convivial et solitaire, égoïste et passionné. Situation inconfortable mais féconde, qui fait les grands poètes, les amants lyriques, les conquérants de l'inutile, rarement les bourgeois tranquilles.

Dérivé: Renée.

Chiffre: le 1. *Couleur:* le bleu turquoise. *Pierre:* l'alexandrine. *Métal:* l'or blanc.

RICHARD   Fête: le 3 avril

Étymologie: du haut germanique *rih,* le roi, et *hart,* fort.

Il a conscience de posséder un coeur vaillant, gage de réussite, et cela peut provoquer en lui une enflure du moi. Il ne doute ni de son charme ni de son intelligence, et c'est vrai qu'il en a. L'adversité ne le désarçonne pas. Dans toutes ses entreprises, il met la même opiniâtreté, le même souci du détail. Pour lui, seul le résultat compte. Il est toujours sauvé par la séduction qu'exercent les forts, les combattants, les vainqueurs.

Dérivés: Dick, Rick.

Chiffre: le 11. *Couleur:* le gris foncé. *Pierre:* le lapis-lazuli. *Métal:* le platine.

ROBERT   Fête: le 30 avril

Étymologie: du germanique *hrod,* gloire, et *behrt*, brillant, c'est-à-dire celui dont la gloire resplendit.

Il y a chez lui surabondance de qualités, de force, mais aussi une fêlure. C'est elle qui fait son charme et sa séduction.

Solide, brillant, doué d'une intelligence rapide et d'une mémoire exacte, volontaire, sûr de lui, il est tout cela... puis apparaît comme une lueur d'angoisse dans ce regard dominateur et l'on comprend que cet ambitieux est fragile, que ce matérialiste est un idéaliste.

Cette vulnérabilité secrète implore en silence aide et protection. Il n'en manquera pas, surtout de la part des femmes, tant est grande l'attirance qu'exerce cette obscure défaillance d'un homme fort et impérieux.

Dérivés: Bob, Robin.

Chiffre: le 5. *Couleur:* le gris perle. *Pierre:* l'opale. *Métal:* l'argent.

ROGER   Fête: le 30 décembre

Étymologie: du germanique *hrod*, gloire, et *gari*, la lance du guerrier.

C'est un conteur, un poète, un homme que le langage fascine. Il s'enchante des mots, les pèse, les combine, les entrelace. Diplomate né, avocat redoutable, l'action le rebute. Son charme insinuant, son habileté dialectique, son intelligence séduisent autant que son sens de l'amitié, sa fidélité, sa délicatesse.

Enfant rêveur, aimant et secret à la fois, le passage à l'âge adulte est pour lui une période difficile. Il restera longtemps adolescent, soucieux de charmer. Ce prudent a pourtant un coeur d'or dont la générosité est inépuisable.

Chiffre: le 7. *Couleur:* le bleu-violet. *Pierre:* la chrysolithe. *Métal:* l'or blanc.

ROLAND   Fête: le 15 septembre

Étymologie: du haut germanique *hrod*, gloire, et *rand*, l'homme courageux.

Roland a une fierté ombrageuse, de vastes ambitions qui ne sont, hélas, parfois que des utopies, des intuitions brillantes et le goût du pouvoir. Servi par son sens inné de la communication, un jugement très rapide et la fidélité inébranlable au clan, il va loin et vite. Trop quelquefois.

Chiffre: le 4. *Couleur:* le vert sombre. *Pierre:* le béryl vert. *Métal:* l'or rose.

ROMAIN   Fête: le 28 février

Étymologie: du latin *romanus*, romain.

Ce prénom sonne comme une déclaration de privilèges. Sûr de son bon droit, Romain ne cède pas: il attaque de front et va jusqu'au bout de son combat. Mais cet irascible n'a rien de hargneux: il a trop de hauteur, trop d'idéal pour ça. Ses batailles, c'est toujours pour la bonne cause qu'il les livre.

Chiffre: le 2. *Couleur:* le gris acier. *Pierre:* le saphir étoilé. *Métal:* le platine.

ROMUALD
Fête: le 19 juin

Étymologie: du haut germanique *hrom*, gloire, et *walden*, régner.

C'est le parfait croisé des causes difficiles, sinon perdues, un idéaliste assoiffé de perfection, un coeur pur d'une constante rectitude et d'une fidélité à toute épreuve.

Chiffre: le 8. *Couleur:* le vert jade. *Pierre:* le jaspe vert. *Métal:* l'or blanc.

ROSE
Fête: le 23 août

Étymologie: du latin *rosa*, la rose.

Ce prénom porte chance et s'accompagne d'une pluie de dons. Rose est toute de chaleur, de délicatesse, de constance. C'est une petite fille exemplaire, gaie, travailleuse, serviable, une petite fille modèle qui grandit chaque jour plus gracieuse et plus tendre.

L'amour est pour elle au centre de l'existence. Elle papillonne un peu mais, une fois fixée, c'est pour la vie. C'est une mère exceptionnelle veillant sur ses enfants avec un sens extraordinaire de la liberté.

Dérivés: Rosa, Rosalie, Roseline, Roselle, Rosette, Rosie, Rosy.

Chiffre: le 7. *Couleur:* le bleu pâle. *Pierre:* le diamant. *Métal:* l'or pâle.

RUTH

Étymologie: de l'hébreu *Ruth,* belle-fille de Noëmi, femme de Booz.

On dit de Ruth, la moabite, qu'elle est fidèle. On peut ajouter qu'elle est sensible, intelligente et généreuse.

SAMUEL   Fête: le 20 août

Étymologie: de l'hébreu *shamu E,* il procède de Yahvé, Dieu.

Il est patient; aux trois dimensions de l'espace, il ajoute celle du temps qui lui permet de parvenir un jour ou l'autre à ses fins. Ce sens inné de la relativité apporte une certaine dose de dissimulation. Chez lui, le double jeu est spontané.

Les très hautes ambitions, les vastes et nobles desseins excusent son machiavélisme. Serviteur de grandes causes, son coeur est pur et ses intentions droites, même lorsqu'il emprunte des sentiers sinueux.

Dérivé: Sam, Sammy.

Chiffre: le 9. *Couleur:* le jaune or. *Pierre:* l'émeraude. *Métal:* l'or jaune.

SANDRINE   Fête: le 2 août

Étymologie: la même que Alexandre.

Son nom évoque le rire en cascade d'une rivière. Sandrine a une élégance instinctive et une remarquable délicatesse de sentiments. Elle apporte à ceux qui l'aiment un bonheur tranquille, la compréhension d'un coeur tendre, la douceur d'une présence fidèle. Nulle ambition mais une très grande sagesse.

Chiffre: le 11. *Couleur:* le gris acier. *Pierre:* le lapis-lazuli. *Métal:* le platine.

SARAH   Fête: le 9 octobre

Étymologie: de l'hébreu *Sarah*, princesse.

Ce très ancien prénom est signe de durée, de persévérance, de fécondité. Il est aussi symbole de courage, d'audace intellectuelle, de compréhension profonde. Elle est parfois préoccupée et anxieuse. Enfant, sa soif de connaître en fait une élève exemplaire. Adulte, elle a toutes les passions. Sensuelle, sensible, sentimentale, elle voudrait tout connaître. Le monde ne lui paraît jamais assez vaste. Elle aime vivre entourée d'enfants et elle est une mère admirable.

Chiffre: le 9. *Couleur:* le jaune brillant. *Pierre:* le diamant. *Métal:* l'or jaune.

SÉBASTIEN   Fête: le 20 janvier

Étymologie: du grec *sebastos*, honoré, glorieux.

Sa grâce parfois androgyne, sa sensibilité et sa finesse lui valent, dès l'enfance, bien des suffrages. Tendre, câlin, sensuel, il a besoin de caresses, de sourires et d'indulgence. Car ce bourreau des coeurs n'est pas un fidèle.

Son intuition le guide. C'est à elle qu'il fait appel plutôt qu'à sa volonté ou à son intelligence. C'est elle qui lui permet de caracoler entre deux précipices, sans jamais y tomber.

Dérivés: Bastien, Bastienne.
Chiffre: le 5. *Couleur:* le gris argenté. *Pierre:* l'opale. *Métal:* l'argent.

SERGE

Étymologie: du latin *Sergius*, nom d'une très
ancienne famille romaine.

C'est un être de vertige et de contradiction.
Son charme le rend dangereux: il attire mais ne
guide pas. Souvent détaché des biens de ce
monde, il n'a qu'à tendre la main pour trouver
de généreux mécènes. Il suscite le dévouement.
Cet homme comblé demeure pourtant insatisfait.
La part du rêve est si grande chez lui que rien
jamais ne l'assouvit. On comprend que la fidélité ne soit pas son fort.

Chiffre: le 8. *Couleur:* le vert pré. *Pierre:* la
chrysoprase. *Métal:* le platine.

SIMON

Fête: le 28 octobre

Étymologie: de l'hébreu *shimmon*, celui que
Yahvé exauce.

Simon est un roc un peu fruste et il a l'air inachevé, comme s'il parvenait difficilement à con-
crétiser ses rêves. Cette difficulté d'être fait
beaucoup pour son charme: son imagination poétique, sa ferveur, son inépuisable tendresse com-
pensent largement son inadaptation au réel. C'est

l'homme des grandes effusions et des généreuses utopies, fidèle entre les fidèles même si ses princesses sont souvent lointaines.

Dérivés: Siméon, Simone.

Chiffre: le 6. *Couleur:* le noir. *Pierre:* l'onyx blanc. *Métal:* le platine.

SOLANGE Fête: le 10 mai

Étymologie: du latin *solemnis*, solennel.

C'est la gaieté, la bonne humeur, la vivacité faites femme. Son entrain dériderait les pierres. Elle n'a guère d'ambition, préfère la vie des champs à celle des villes, les longues soirées familiales aux mondanités. Sa sensualité la mène parfois plus loin qu'elle le voudrait. Mais elle n'y attache pas une importance excessive. Tout rentre vite dans l'ordre, un ordre bon enfant, plein d'odeurs de cuisine et de parfums de fleurs des champs.

Dérivés: Solène, Solemne.

Chiffre: le 2. *Couleur:* le gris-vert. *Pierre:* le lapis-lazuli. *Métal:* le platine.

SOPHIE Fête: le 25 mai

Étymologie: du grec *sophia*, la sagesse.

Sophie c'est la sagesse du tout-puissant, du créateur, celle qui nous est impénétrable et dont les manifestations nous paraissent irrationnelles, injustes, déréglées. Cela peut faire des recluses volontaires, ou de grandes artistes nerveuses, excessives, vivant dans les tempêtes de la création et des passions. Tout sauf le temps calme.

Dérivés: Vicky, Sonia.

Chiffre: le 4. *Couleur:* le vert clair. *Pierre:* le corail pâle. *Métal:* l'or rose.

STÉPHANE   Fête: le 26 décembre

Étymologie: du grec *stephanos*, couronné.

Ce double d'Étienne en a toutes les caractéristiques mais lui rajoute un goût prononcé pour l'élitisme.

Dérivé: Stéphane (féminin).

Chiffre: le 11. *Couleur:* le gris souris. *Pierre:* le saphir foncé. *Métal:* le platine.

SUZANNE   Fête: le 11 août

Étymologie: de l'hébreu *sushan*, le lys, symbole de pureté.

Suzanne a le sens de l'humour, une grâce piquante, facilement ironique. Elle prend toutes choses avec un certain recul qui n'est pas du détachement ni de la résignation mais de la réflexion et de la finesse. Alerte et enjouée, elle se soucie peu des donneurs d'avis. Son coeur est pur, mais non sans malice. Elle peut dédier des sourires narquois à ceux qu'elle veut écarter. Sa philosophie est à l'épreuve des accidents de l'existence. Elle n'accorde d'importance qu'à l'essentiel: le bonheur d'aimer qui vous aime.

Dérivés: Suzette, Suzy, Sue, Suzon.

Chiffre: le 6. *Couleur:* le gris perle. *Pierre:* l'onyx blanc. *Métal:* le plomb.

SYLVAIN   Fête: le 4 mai

Étymologie: du latin *sylva*, la forêt.

Il est secret, silencieux, opiniâtre et prudent mais aussi fort, généreux, fécond.

Et entre deux replis sur soi, quelle joie de vivre il sait manifester!

Dérivés: Sylvère, Silvère, Sylvestre, Sylvie, Sylviane ou Silviane, Silva, Sylvette.

Chiffre: le 5. *Couleur:* le gris perle. *Pierre:* l'opale. *Métal:* l'argent.

THÉRÈSE   Fête: le 1er ou le 15 octobre

Étymologie: du grec *Theresa*, habitant de l'île de Tarnre.

Il y a beaucoup de violence en Thérèse, reflet d'une énergie dévorante. La volonté en modère l'élan, la contrôle, la canalise. Thérèse est un être frémissant, perpétuellement sous tention, toujours prêt à déchaîner les passions qui sont en elle. Passions exigeantes, souvent ambitieuses, jamais mesquines. Amoureuse, elle n'accepte pas les refus.

Dans sa carrière, elle montre la même ténacité presque brutale pour s'imposer. Elle se sent porteuse d'une vérité qui la dépasse et ne trouve la paix qu'en la manifestant.

Chiffre: le 7. *Couleur:* le violet. *Pierre:* l'émeraude. *Métal:* l'étain.

THOMAS   Fête: le 3 juillet ou le 28 janvier

Étymologie: de l'araméen *toma,* jumeau.

Il est l'homme des grands systèmes rationnels, des vastes symétries expérimentales. Il construit, échafaude, transcende.

Son esprit n'est jamais en repos; son agilité infatigable donne le vertige: apprendre, entreprendre, réapprendre, il n'a jamais fini. Il n'a jamais peur. Sa douceur le sauve et l'empêche d'être trop austère.

Sociable, amical, ouvert à tous et d'humeur égale, il sait disparaître soudainement, s'abstraire et ne laisser qu'un jumeau silencieux. Un ange passe.

Dérivés: Tomassin, Tom.

Chiffre: le 9. *Couleur:* le jaune clair. *Pierre:* la topaze (jamais brûlée). *Métal:* l'or jaune.

TRISTAN   Fête: le 12 novembre

Étymologie: du celtique *drest,* le tumulte.

Tristan est vaillant, énergique, a soif d'apprendre. Peut-être un bonheur supérieur l'attend-il?

Chiffre: le 6. *Couleur:* le noir. *Pierre:* l'onyx noir. *Métal:* le platine.

VALENTIN   Fête: le 14 février

Étymologie: du latin *valens,* vigoureux.

Valentin est doux, tendre, suave, gai. Il exige beaucoup mais il donne encore plus et ne se reprend jamais. Ce rêveur n'a pas d'ennemi. Il les désarmerait d'un sourire.

Chiffre: le 2. *Couleur:* l'ocre. *Pierre:* le saphir étoilé. *Métal:* le platine.

VALÉRIE   Fête: le 28 avril

Étymologie: du latin *valere,* se montrer courageux.

Elle est émotive, discrète, délicate. Elle cache ses sentiments sous un sourire distant. Pourtant, c'est une passionnée. Sa sensualité exigeante la conduit parfois à multiplier les expériences amoureuses. Elle aime la poésie, la peinture, les beaux objets. Son jugement esthétique très sûr, son intelligence déliée lui permettent de s'épanouir dans les carrières artistiques. Elle trouve dans l'amitié l'équilibre que lui refuse sa vie sentimentale: sa délicatesse y fait merveille.

Chiffre: le 7. *Couleur:* le violacé. *Pierre:* la turquoise. *Métal:* l'étain.

VÉRONIQUE/VANESSA   Fête: le 4 février

Étymologie: du grec *pherein,* apporter, et *nikê,* victoire.

C'est la forme lointaine de Bérénice. Elle passe parfois pour superficielle alors qu'il s'agit de pudeur. Elle a cependant une sorte de légèreté ironique. Elle tient à son domaine réservé et n'y admet personne, pas même l'homme qu'elle aime. Pour le préserver, elle se choisit des masques de comédie destinés à faire croire qu'il n'existe pas.

Chiffre: le 11. *Couleur:* les glauques. *Pierre:* le lapis-lazuli. *Métal:* le platine.

VICTOR

Étymologie: du latin *victor,* le victorieux.

Ce prénom contient en lui d'heureux présages, de nombreux germes de réussite. Victor tient ses victoires d'un don mystérieux de clairvoyance, de communication avec d'autres réalités.

Plus artiste qu'homme d'action, il a d'instinct le sens du vrai et du beau. Il a une intarissable énergie qui le pousse à entreprendre sans cesse, à multiplier les défis. Elle en fait un amant généreux, inépuisable. Elle aiguise son appétit de savoir, de construire, d'oeuvrer, d'aller de succès en succès.

Dérivés: Vic, Victorien.

Chiffre: le 3. *Couleur:* le rouge. *Pierre:* le diamant. *Métal:* l'or jaune.

VINCENT

Fête: le 22 janvier
ou le 27 septembre

Étymologie: du latin *vincere,* vaincre.

Enfant calme, tendre, gai, confiant, sa sagesse est trompeuse. De cette eau qui dort jaillissent des fontaines. Sans le vouloir, cet intuitif a le sens des vibrations de la terre ou des astres. Il communique avec des forces ou des ondes que la plupart d'entre nous ignorent.

Cette hypersensibilité le rend parfois distrait, inapte à déjouer les embûches de la vie quotidienne. Il dit spontanément le vrai. Il fait le bien naturellement. On le dit maladroit, brusque, timide.

Pourtant, à l'écoute des autres, il perçoit la vérité des êtres. Dangereux privilège qui le place souvent en porte-à-faux et lui fait oublier la prudence. Il y a en lui un mutant, peut-être l'homme de demain.

Chiffre: le 6. *Couleur:* le gris moyen. *Pierre:* le diamant noir. *Métal:* le platine.

VIOLETTE $\qquad$ Fête: le 5 octobre

Étymologie: du latin *viola*, la violette.

La modestie n'est pas son fort. C'est une émotive exubérante parfois un peu immature, qui aime les sensations violentes, les fêtes, tous les plaisirs. Douce, câline et enjouée, elle n'a pas le goût de l'effort, mais sait réussir par son sens très sûr des relations sociales. Fidèle en amitié, sinon en amour, elle est toujours prête à aider, à consoler. La chance la protège.

Dérivés: Violaine, Violante.

Chiffre: le 12. *Couleur:* le bleu de mer. *Pierre:*
l'aigue-marine. *Métal:* l'or blanc.

VIRGINIE   Fête: le 7 janvier

Étymologie: du latin *virgo*, la vierge.

C'est une introvertie silencieuse qui a le sens
de l'effort et du travail bien fait. La conscience
de ses devoirs lui interdit de demeurer au repos.

L'esprit droit et clair, le coeur attentif au bonheur de tous les siens, l'âme prompte à s'émouvoir des chagrins et des malheurs d'autrui, elle
est un havre de paix pour tous. Elle est modeste
mais sa vie intérieure lui donne des plaisirs auxquels peu ont accès.

Chiffre: le 0. *Couleur:* le brun-roux. *Pierre:*
la sardoine rouge. *Métal:* le fer.

VIVIANE   Fête: le 2 décembre

Étymologie: du latin *vivianus,* ardent.

Bien sûr, elle est un peu fée. On n'échappe
pas à tout un héritage de légendes.

Enfant capricieuse, indocile, imprévisible mais
tendre, elle sait tout se faire pardonner. De son
enfance, elle conservera les sautes d'humeur et
l'indiscipline, mais acquerra une sorte de

sagesse. Ses dons originaux suffisent à assurer son indépendance.

Chiffre fétiche: le 9. *Couleur:* le jaune or. *Pierre:* le diamant. *Métal:* l'or jaune.

WILFRID   Fête: le 12 octobre

Étymologie: du haut germanique *wil,* la volonté, et *fried,* le producteur.

Ce prénom augure générosité et courage, énergie et patience. Il ressemble au bel acier des épées: net, brillant, tranchant.

C'est aussi un gage de fidélité, mais Wilfrid est aussi un exclusif, il exige beaucoup de ceux qu'il aime, parce qu'il leur donne tout.

Dérivé: Wilfried.

Chiffre: le 4. *Couleur:* le vert clair. *Pierre:* le diamant. *Métal:* l'or rose.

XAVIER   Fête: le 3 décembre

Étymologie: du basque *etchebani,* la maison neuve.

Ombrageux, fier, il ne tient pas en place. Il préfère la nature sauvage à la compagnie des hommes. C'est un conservateur attaché aux traditions.

Il est doué d'une grande mémoire, d'une pénétration intellectuelle exceptionnelle, de solides qualités manuelles, il est bien armé pour la vie qu'il choisit le plus souvent en marge de la société.

Chiffre: le 8. *Couleur:* le vert jade. *Pierre:* le béryl vert. *Métal:* l'or blanc.

YANN   Fête: le 24 juin

Étymologie: la même que Jean.

Ce double celtique de Yann (voir Jean) en renforce les tendances au mysticisme, ce qui se traduit par une vie imaginative très intense et une sensibilité d'écorché vif.

Dérivé: Yannick.

Chiffre: le 5. *Couleur:* le gris argenté. *Pierre:* l'opale. *Métal:* l'argent.

YOLANDE   Fête: le 11 juin

Étymologie: du haut germanique *vel*, habileté, et *land*, patrie.

Elle est fière, impétueuse, jamais rassasiée de plaisirs, de voyages, d'aventures, elle mène sa vie au galop sans se départir de son calme, avec un maintien royal. Elle passe pour infidèle, mais

elle garde une fidélité très exacte à ses princi-
pes: droiture, générosité, devoir. Née pour commander, cette femme un peu trop sûre
d'elle-même ne se laisse pas aisément séduire.

Dérivés: Iola, Iolanthe, Yolaine.

Chiffre: le 11. *Couleur:* le gris bleuté. *Pierre:*
la chrysoprase. *Métal:* le platine.

YVES   Fête: le 19 mai

Étymologie: du celtique *ivo* ou *iv*, l'if.

Il ne fait rien comme les autres; pas par souci
d'originalité ni par goût de la provocation mais
plutôt comme une sorte d'assurance intérieure,
la conscience de son bon droit.

Il collectionne les femmes, engrange le savoir.
La réussite professionnelle vient à lui, sans qu'il
commette jamais rien de bas. Son indépendance,
son originalité séduisent. À sa manière, c'est un
sage.

Dérivés: Erwan, Yvon, Yvonnet.

Chiffre: le 5. *Couleur:* le gris pâle. *Pierre:* la
pierre de lune. *Métal:* l'argent.

YVONNE   Fête: le 19 mai

Étymologie: la même que Yves.

Elle tient beaucoup du caractère d'Yves. Elle s'en distingue par un sens profond de la famille. Mère attentive, ses enfants sont sa principale préoccupation. Plutôt que d'avoir une vie professionnelle, elle préfère vivre les succès de ses enfants.

Dérivé: Yvette.

Chiffre: le 4. *Couleur:* le bleu azur. *Métal:* le quartz rosé. *Métal:* l'or rose.

ZOÉ   Fête: le 2 mai

Étymologie: du grec *zoos*, la vie.

Elle est imprévisible comme la vie même. Elle a une sorte de spontanéité un peu sauvage, de charme cruel qui crée parfois autour d'elle des perturbations. Cet ouragan sans repos ne se donne jamais une fois pour toutes.

L'instabilité est sa nature, une instabilité joyeuse, énergique, emportée par de grandes passions successives. Du rire aux larmes, de l'enthousiasme à la colère, de la générosité à la vengeance, on dirait qu'elle cherche à épuiser toute la gamme des sentiments humains. Elle est bien capable d'y parvenir.

Chiffre: le 7. *Couleur:* le violet. *Pierre:* l'émeraude. *Métal:* l'or blanc.